너를 사랑한 날들

샘문시선 1070
한국문학상 수상 기념 시집
김민서 제2시집

인생의 한 계단 한 계단
소나무의 나이테처럼

대나무
한 매듭 한 매듭같이

우리 인생도
만남과 이별을 잘 매듭져야
〈끝맺음, 전문 인용〉

우리는 잊지 않겠습니다
당신이 지킨 이 나라 위에서
평화를 노래하며 감사하며
이 하루를 온전히 살아가겠습니다

그날의 별들이여!
오늘도 하늘의 서광처럼 빛나 주소서
〈그때 그날의 별들에게, 일부 인용〉

흰 눈이 내린다
백설기처럼 곱디곱게
흰 눈을 받아다 무지개떡을 만들었다

일곱 색깔 무지개를 만들어
당신에게 알록달록
이쁜 사랑에 감사하며
〈백설, 전문 인용〉

_____ 님께

_____ 년 ____ 월 ____ 일

_____ 드립니다.

도서출판 샘문

한국문학상 수상 기념 시집

너를 사랑한 날들

김민서 제2시집

여는 글

　시를 쓴다는 것은 제게 삶을 지탱해온 또 하나의 숨결이었습니다. 누군가에게는 취미처럼 보일 수도 있겠지만, 저에게 시는 언제나 제 존재를 확인하고 세상을 견뎌낼 수 있게 한 힘이었습니다.

　인생의 고비 고비 파란만장한 세월을 견디며 삶의 무게를 버텨내며 죽음의 고비를 넘기기도 했습니다.

　중·고등학교 때 문학의 밤 사회를 보다 한용운의 님의 침묵을 포로네이즈의 환상곡에 낭송하게 된 일이 계기가 되어 이렇게 시를 쓰게 될 줄은 저도 상상도 못 했습니다.
　중학교 때 맹장 수술을 하려고 입원했을 때, 윤송현 전도사님이 제게 문학책 100권을 주시면서, 읽고 독후감 써서 내라고 하셨던 기억들, 지금은 인천에서 목회를 하신다고 들었습니다. 감사드리며 꼭 찾아뵙겠습니다.
　이렇게 언어의 꽃을 피우게 된 것이 지금 생각하면 다 이분들의 도움인 듯합니다. 그 꽃이 시가 되었고 오늘 이 책으로 독자님 앞에 내어놓게 되었습니다.

　한복 모델로도 최고의 무대에 서기도 했는데, 한복은 단순한 옷이 아니라 우리 민족의 혼과 아름다움을 담은 예술이라 생각합니다. 그 한복을 입고 선, 순간마다 제안의 시적 정서를 다시 확인했습니다.
　고운 옷자락에 깃든 전통의 울림이 시 한 줄의 깊은 숨결과 다르지 않았기 때문입니다. 그 길은 곧 시낭송가의 길로 이어졌습니다. 누군가의 시를 제 목소리로 불러낼 때

여는 글

저는 언어가 단순한 글자를 넘어 생명력을 갖는다는 사실을 행복하다는 사실을 배웠습니다.

그 순간 시는 더 이상 저 혼자만의 것이 아니라 듣는 이의 가슴 속으로 옮겨가 또 다른 빛으로 살아났습니다. 그러나 현실은 치열하게 86년 컴퓨터학원을 시작으로 무역, 건강식품, 화장품, 산후조리원, 현재는 뷰티사업을 하며 수많은 일들과 사람을 만나고 있습니다.

그 과정에서 배운 것은 겉모습의 화려함이 아니라 마음의 상처까지 감싸주는 것이야말로 진정한 아름다움이라는 사실이었습니다. 고단한 나날이 이어졌지만, 저는 그 속에서 사람들의 이야기를 들으며 다시금 시를 발견했습니다.

삶의 고통조차도 결국은 한 편의 시가 되어 제 안에서 울리고 있었던 것입니다.

특히 제게 깊은 울림을 준 경험이 하나 있습니다. 몇 해 전 필리핀에서 집을 지어주는 봉사 활동에 참여했던 일입니다. 낡고 불편한 집, 가난한 환경 속에서도 아이들은 환한 웃음을 잃지 않았습니다. 그 웃음은 저에게 커다란 질문을 던졌습니다.

"진정한 행복이란 무엇인가?"

그곳에서의 시간은 제 삶의 방향을 바꾸었고, 시를 쓰는 이유 또한 더 분명하게 해주었습니다. 저는 이제 시를 통해 누군가에게 희망을 건네고 싶었습니다. 아무리 열악한 환경 속에서도 웃음을 잃지 않는 그 아이들처럼, 이 시집을 통해 독자들 마음에 작은 빛으로 다가가기를 간절히 소망합니다.

여행 역시 제게 시의 또 다른 스승이었습니다. 새벽빛으로 물드는 산자락, 바람 따라 흔들리는 갈대밭, 파도와 함께 숨 쉬는 바닷가의 풍경은 언제나 저를 겸허하게 만들었습니다. 걷는 동안, 바라보는 동안, 저는 늘 삶의 무게를 내려놓고 시와 마주했습니다.

그 길 위에 떠오르는 언어들이 모여 이 책 속에 자리하게 되었습니다. 여행길에서 얻은 깨달음, 떨림, 이 모든 것이 어우러져 있습니다.

그렇기에 독자들의 마음속에서도 또 다른 이야기로 살아나기를 바랍니다. 저의 시가 누군가의 삶과 만나 새로운 울림을 만들어 낼 때, 비로소 이 책은 완성된다고 믿습니다.

마지막으로 언제나 제 곁을 지켜주며 저를 시인으로 만들어준 우리 가족들과 지인들 모두에게 감사드립니다.

그리고 이 시집이 상제 될 때까지 많은 지도 편달과 운문 감수를 해주신 샘문그룹 시인 이정록 교수님께 존경과 감사를 드립니다. 예쁘게 시집을 만들어주신 샘문시선 출판부 직원들께도 감사드립니다.

그분들의 눈빛이 제 시의 가장 큰 영감이었고 제가 다시 세상과 맞설 수 있는 힘이 되었습니다. 또한 제 길을 응원 해주신 모든 이웃과 벗님들 깊이 감사를 드립니다.

이 책이 누군가의 마음의 작은 등불로 켜지기를, 길을 잃은 날에는 다시 나아갈 용기가 되기를 기쁨의 순간에는 함께 웃어줄 벗이 되기를 간절히 바랍니다.
그것이 제가 시인으로서 또 한 사람으로서 세상에 건네고 싶은 가장 진실한 마음입니다. 감사합니다.

2025. 09. 23.

꿈을 꾸는 서재에서 시인 **김민서** 드림

서 문

일상성에서 존재론으로, 감성에서 사유로 승화한 시詩

- 강미경(시인, 수필가, 소설가, 문학평론가)

1. 들어가는 말

김민서 시인의 두 번째 시집 「너를 사랑한 날들」 총 115편의 시편을 통해, 김 시인이 시와 더불어 살아온 궤적을 알 수 있었다. 김 시인의 프로필은 정통 문학 교육이나 시 전문 훈련과는 거리가 있지만. 오히려 다양한 삶의 현장 – 컴퓨터 학원, 무역, 건강식품, 화장품, 뷰티 사업 등과 사회복지사, 평생 교육사, 청소년 심리 상담사, 건강가정사, 시낭송가로도 활발히 활동을 해왔으며 한복 모델로 최고의 무대에 섰던 경험치를 갖고 있다. 다양한 분야에서 활발히 활동하며 자신의 삶을 열심히 살아온 프로필을 가진 분이다.

시인은 〈여는 글〉에서 시 쓰기가 단순한 취미나 감성의 발현이 아니라, '존재 확인'과 '세상 견디기'의 기제로 기능해 왔음을 고백한다. 김민서 시인은 중, 고등학교 때 문학의 밤 사회를 보다가 한용운의 "님의 침묵"을 낭송한 일이 계기가 되어 시를 써왔다고 했다. 한복을 입고 무대에 설 때마다 시적 정서를 다시 확인했으며 시낭송가의 길로 이어졌다고 했다. 이는 시 쓰기가 단순한 미적 창작이 아니라, 실존적 글쓰기로 확장된다는 점에서 주목할 만하다. 물론 일부 시편에서는 관념어와 한자어로 다소 직설적인 표현을 보이기도 하며, 시적 이미지의 형상화와 감각적 밀도가 다소 약화 되는 지점도 있다. 그러나 다수의 작품에서는 언어의 생동성과 정서의 내밀성이 성공적으로 조화를 이루며, 생활 세계로부터 추출된 사유와 정서의 정련된 형상화를 보여준다.

2. 시편 들여다보기

W. 워즈워드가 말했듯, 인간은 표현의 욕구가 있다. 표현하고 싶은 욕구가 인간의 본능이라는 것이다. 김민서 시인은 삶의 순간순간, 사소한 일까지도 시로 빚어 시집을 두 번째 묶는 것으로 보아, 시에 대한 열정이 깊은 것을 알 수 있다.

김민서 시인의 두 번째 시집 「너를 사랑한 날들」의 시 115편에 나타난 시의 특징을 몇 가지로 분류해 보았다. 115편 중, 우수한 작품들만 뽑아 각, 파트별로 시의 특징을 간단히 살펴보도록 하겠다.

1) 사소한 일상에서 철학적 사유로의 확장
위에서 언급한 대로, 김민서 시인은 삶의 순간순간을 시로 빚어낸 시가 이 시집의 주된 특징이다. 그중에 〈고속터미널〉, 〈빨래방의 모습〉, 〈단추 1, 2〉 등이 돋보인다. 주변 사물이나 공간에서 출발하지만, 그것을 단순한 서정의 대상으로 보는 데 그치지 않고 존재론적 - 관계론적 사유로 승화시키고 있다.

대부분 사람은 바쁜 일상에서 시와 무관하게, 시를 외면하고 산다. 그러나 김민서 시인은 중, 고등학교 시절부터 시의 감성을 얻어 시를 벗 삼아 살아온 연유인지 그의 생활은 곧 시가 된 듯한 느낌이다.

어느 옷에나 단추가 달려있다. 누구나 단추를 무심히

서 문

지나친다. 그러나 김민서 시인은 "단추"라는 작은 사물도 그냥 지나치지 않고, 단추에 대해 사유하고 시로 빚어내고 있는 것을 볼 수 있다. 〈단추 1, 2〉를 읽으면, 저절로 맑은 미소가 지어진다. 〈단추 1〉에서 "너가 있어 따뜻하고/ 너가 있어 멋스럽고/ 너가 있어 행복하고/ 너가 있어 빛이 난다네"라고 노래했다. 〈단추 2〉에서는 "추울 때는/ 나의 빈 가슴을 여미어주고/ 더울 때는/ 살짝 열어 보여서 멋스럽게 연출해주는 너"라고 했다. 추울 때는 단추를 잠가 바람이 들어오지 못하게 하여 몸을 따듯하게 한다. 더울 때는 단추를 풀어 멋스럽게 연출해준다. 우리가 늘 입는 옷에 달린 작은 단추를 보고 시로 빚어낸 시적 감수성이 놀랍다.

〈빨래방의 모습〉도 재미있는 일상 시다. "빨래터에서 아낙네들이 방망이질하며/ 수다 떠는 풍경"에서 이제는 "500원짜리 동전 7개 넣고/ 스타트 버튼 누르면/ 빨래방의 빨래는 숨 쉴 사이 없이 돌고 돈다" 빨래터에 쭈그리고 앉아 빨래하던 빨래터의 모습은 사라지고, 이제 기계 세탁으로 변모한 빨래방의 모습을 보며, 빨래방에서 빨래하는 일상도 놓치지 않고 시로 빚고 있다. "주말이면 북적거린다/ 늘 그 시간에 오면 만나는 사람이 있다/ 이젠 빨래방에서 눈이 맞으려나/ 흐흐~~~"라고 했다. 재미있는 발상이다.

〈고속 터미널〉 시는 일상의 공간이다. 뒤에서 언급하겠지만, 이번 시집에는 유난히 여행 시가 많다. 여행을 좋아하는 시인인가 보다. 여행마다 여행지로 이동하는 교통수단이 무엇이었는지는 알 수 없으나, 김 시인은 고속 터미널에서 어딘가로 떠나 본 경험이 있음은 틀림이 없다. 그저 고속버스를 타고 이동하는 터미널에서 김 시인은 인생 - 삶을 사유하고 깊이 있는 멋진 시를 빚어내고 있다. 이 시는 많은 이들에게 울림을 줄 훌륭한 수작秀作으로 회자膾炙될 것으로 보인다.

"사람들은 모두 어디론가/ 떠나거나 돌아오는 길 위에 서 있다" 이 표현은 시의 서두에서 독자의 시선을 압도한다. 어디론가 떠나고 싶은 모든 사람의 열망 – 그리고 돌아오는 길. "사람들은 모두 그 길 위에 서 있다" 멋진 표현이다. 고속 터미널 전광판에는 버스가 출발하는 시각과 행선지가 불빛으로 뜬다. "시간표에 적힌 숫자들/ 그건 목적지가 아니라/ 각자의 사연, 안녕의 이름들"이라고 했다. 떠나는 곳에서 "안녕"을 비는 인사를 남기고 떠나는 일을 시로 형상화한 것이리라.

그리고 김 시인은 고속 터미널을 "잠시 멈추는 이 공간은 말한다"라고 했다. "삶은 떠나는 길과 돌아오는 사이에 / 작은 돌다리"로 보았다. "고속 터미널 = 작은 돌다리"이다. 훌륭한 은유metaphor이다. 시 쓰기 기법 중에 메타포(은유)적 연결은 매우 고도의 고급스러운 표현법이다. 〈고속 터미널〉은 누구나 지나치는 공간이지만, 시간과 장소의 상투성을 벗어나 삶과 존재의 본질에 대한 통찰로 나아가는 시적 전략은, 시적 언술이 철학적 성찰로 확장될 수 있음을 시사한다. 메타포 적 언어의 절창으로 이끌어내는 우수성이 돋보이는 시이다.

2) 일상의 공간에서 길 위에 시편들

서두에서 언급한 것처럼, 김 시인의 이번 시집은 일상적인 소재에서 시를 빚어내고 있다. 김 시인이 사는 지역이 양재역 부근인 모양이다. 〈서초동 여름 저녁〉, 〈양재천의 아침〉, 〈양재천 새벽길〉, 〈양재역에서〉, 〈한여름 방배동을 지나며〉의 시는 일상에서 길 위의 서정을 읊은 시들이다.

서 문

  그중에 〈양재역에서〉는 "시민의 숲엔/ 나뭇잎 사이 햇살이 부서지고/ 작은 새 한 마리/ 은행나무 아래 노래를 건넨다"라고 했다. 양재역이라고 하면, 강남권이며, 신분당선으로 환승을 할 수 있는 역이다. 조선 시대에는 이곳을 말죽거리라고 불렀다. 그때에도 한양 남쪽 지방과 한양을 연결하는 관문이었다.

  지금도 양재역 주변은, 출퇴근 시간에는 이동하는 인파로 붐빈다. 그런데 분주하게 움직이는 사람들을 아랑곳하지 않고, 나뭇잎 사이로 햇살이 부서지고 작은 새 한 마리 은행나무 아래 인사를 건넨다고 했다. 인간사人間事에 관심이 없다는 듯 햇살과 작은 새는 인사를 건넨다. 가던 발걸음을 멈추고 한 번쯤은 작은 새의 지저귐에 귀를 기울이며 자연이 건네는 인사의 마음을 내어주는 "마음 쉼"의 정서 – 평안과 휴休를 읊고 있어서 눈길을 끄는 시라고 하겠다.

  결국, 시인은 "도심의 숨은 쉼표"라고 했다. "양재 시민의 숲"은 "당신이 서 있는 이곳이/ 오늘의 가장 고요한 풍경이다"라고 단정하고 있다. 지금 독자가 서 있는 곳이 금싸라기 땅, 양재역 부근이 아니라고 해도, 서울 변두리거나, 멀리 시골 헐한 땅이라고 해도, "당신이 서 있는 이곳"이 "가장 고요한 풍경"이라는 표현은 우리에게 깊은 사유를 하게 한다. 금싸라기 땅이 아니라도 "서 있는 이곳"을 고요한 곳으로 만드는 게 시인의 언어의 힘일 것이다.

  〈한여름 방배동을 지나며〉는 삼호교회 담장에 온통 초록 담쟁이로 덮여 있는 모습, 삼호 아파트 나무들, 매미 울음소리에 잠기고…. "여기 한철의 몸이 지고/ 한철의 여름이 타오른다"라고 했다. 봄이 지고 한여름 땡볕 속에 매미 울음소리 아래 화자(김 시인)의 발소리만 뜨거운 한 철

11

이 타오른다는 표현은 시를 많이 접해 본 내공 있는 표현이다. 여름이 뜨겁게 달아오르는 방배동의 모습이 한 폭의 그림처럼 눈에 그려진다. 이 시는 아스팔트 – 담장의 초록 담쟁이 – 벚꽃의 눈부심 – 잎을 꾹꾹 눌러 편 아파트 나무들에서 보이는 시각적(회화적 심상)과 매미 소리라는 청각적 심상이 어우러진 우수한 시라고 하겠다.

3) 자연과 계절을 통한 내면 풍경의 구현

봄, 여름, 가을, 겨울 계절과 자연을 읊은 시도 다양하게 빚어내어 시의 서정과 사유를 잘 담아내고 있다. 그중에 〈봄의 약속〉, 〈사월의 소곡〉, 〈가을에서 겨울로 가는 길목〉, 〈가을은 색동저고리〉, 〈대추의 추억〉, 〈가을〉, 〈하엽〉, 〈6월의 깊이〉, 〈서리풀 숲길에서〉 등이 우수하다.

〈서리풀 숲길〉은 서초동에 있는 넓고 쾌적한 도심 속 공원 숲길이다. 세종대왕 둘째 형인 효령대군과 첫째 형인 양녕대군의 묘도 주변에 있고, 몽마르뜨 언덕이 조성되어 있다. "서리풀"은 서초구의 옛 지명에서 유래되었다. 김민서 시인은 프로필에서 서초동에 거주한다고 밝힌 것으로 보아, 집 근처에 있는 서리풀 숲길을 자주 걷는 모양이다. "서리풀 터널", "누에 다리", "고요한 숲의 초록", "벚꽃이 쏟아지는 봄날, 분홍빛 눈이 떨어져/ 한걸음마다 부서지는 꽃잎의 파편/ 그 위에 남은 내 마음의 발자국", "여름엔 빗줄기 한 올 흔들리고" "가을엔 단풍이 나를 감싸/ 차분한 고요로 나를 물들인다." "겨울엔 하얀 고요가 깃들고"라고 계절 변화에 따른 서리풀 숲길의 변화를 시각적(회화적)으로 그려내면서 "마음의 사유와 마음의 고요"를 노래하고 있다.

서리풀 공원은 시인에게 "도시의 공원에서 나는/ 오늘

서 문

도 다시 태어나서 기다린다"고 했다. 그 공원의 풍경이 어떠하기에 시인은 다시 태어나서 기다림의 미학을 갖게 했을까? 궁금해진다. 서리풀 공원에 찾아가 보고 싶은 마음이 일게 하는 시이다. 그리고 시인이 기다리는 것은 무엇인지 그것 또한 궁금해진다. 계절의 변화를 기다린다는 것인지, 숲길을 걸으며 계절마다 사유하며 다시 깊어지는 사유 속에 다시 태어나는 더욱 원숙한 자신을 기다리는 것인지. 김 시인과 대화를 나눠보고 싶게 하는 시이다.

〈가을에서 겨울로 가는 길목〉은 가을에 지는 잎을 보며, 원숙해지는 화자를 만날 수 있는 시이다. "그렇게 매일 바쁘게 살아온 나날들/ 물질의 탐욕 인간들은 다 벗어버린/ 나무를 보고 느끼는 게 없을까?"라고 했다. "왜 그리 아등바등 살아갈까!/ 있을 때 좀 더 베풀고 나누면/ 아름답게 살아갈 수 있을 텐데/ 후회 없이 살아보자고요"라고 했다. 이 시는 시인이 하고 싶은 말을 직설적으로 나열한 서술이다. 지는 잎을 보며 사유한 주제 의식을 분명하게 노골적으로 표현하고 있다. 이런 직접적인 윤리적 언술을 사용하여, 소외된 인간성을 환기하면 도덕적 시의 기능을 수행한다. 다만 여기서는 직진 적 담론이 이미지의 시적 변환을 대체하면서, 미학적 완성도보다는 메시지의 전달력이 강조되고 있다.

4) 사랑과 만남에 대한 감각적 언어

매우 정감 있고 따스한 감수성으로 만남, 인연, 사랑, 사랑의 언약, 이별을 다룬 시들도 여럿이다. 매우 감동적으로 읽었으나, 여행과 종교적 담론을 담은 시들에 대해 언급할 것이 많으므로 이 부분은 생략하기로 한다. 그중에 〈사랑도 달콤한 커피 향처럼〉, 〈내 눈에 콩깍지〉, 〈너를 사랑한 날들〉, 〈오월 스물한 날 당신과 나〉 시가 돋보인다. 서정적 감수성과 개별적 기억의 복원을 통해 감정의 구체성을 확보하고 있으며, 이는 일상성과 결합 된 정감적 서정시의 전형으로 읽힌다.

5) 여행을 통한 자아 성찰과 존재 탐구

여행은 우리 모두에게 누구에게나 로망이다. 익숙한 공간에서 떠나 새로운 곳을 찾아가 새로운 자신을 발견하고 새 힘을 얻어 다시 일상으로 돌아오고 싶어한다. 다른 시집에 비해서 「너를 사랑한 날들」에는 여행 시편의 비중이 높다. 〈거제도 홍포 일몰〉, 〈파도 소리〉, 〈다낭 미케비치 해변〉, 〈간월도에서의 하루〉, 〈그때 그날의 별들에게〉, 〈남해, 바다의 속삭임〉, 〈금산 보리암〉, 〈논개 각문〉, 〈경포 밤바다〉, 〈모래〉, 〈상사화 섬〉, 〈위도〉, 〈광양 매화 축제〉 등이 모두 여행 시이다. 김 시인은 여행을 많이 다닌 것을 알 수 있고, 여행지마다 느낀 소회를 시로 빚어내었다. 여행 시는 문학성이 뛰어나기가 쉽지 않다. 여행의 경로와 감상에 치우칠 가능성이 크기 때문에 문학성을 살리기가 어렵기 때문이다.

그중에 〈거제도 홍포 일몰〉은 매우 우수한 작품성을 보여서 괄목할 만하다. "지는 해", "석양", "불타오름"과 같은 이미지들이 시간의 흐름과 삶의 덧없음을 동시에 환기시킨다. 시인(화자)은 일몰을 바라보며 "너"에게 말을 건다. 그리고 곧 "무슨 생각에 잠겨있을까"라는 질문으로 시적 자아의 내면과 타인의 내면을 동시에 비춘다. 더 나아가 "나는 토닥거린다/ 잘하고 있다고"라는 구절에서 보이듯이 일몰을 통해서 자기 위로와 타인에 대한 위로를 동시에 이루고 있다.

또한, 이 시에서도 이미지로 그려내기보다는 직접적인

말하기 방식으로 "사람은 누구나 왔다 간다"라는 말을 하고 있다. 삶의 유한성을 확인하는 철학적인 인식이다. 그러나 시인은 단순한 허무로 종결하지 않고, "석양의 활활 타오름"에서 오히려 아름답게 잘 살다 갈 것이라는 희망적 해석을 끌어내고 있다. 일몰의 장엄한 이미지는 단순한 자연 풍경이 아니라, 사람도 누구나 왔다 가지만, 그 소멸은 허무가 아니라 아름다운 흔적을 남길 수 있다는 희망으로 바뀐다. 일몰이라는 자연 현상을 삶의 마무리와 존재의 형상화된 미학으로 승화되고 있기에 탁월한 상징주의적 성취를 보인다.

결국, 이 시는 "일몰"을 통해 삶의 소멸과 아름다움, 그리고 긍정적 수용을 노래하고 있어서 우수한 시로 인정된다.

6) 종교적 사유와 영성의 시적 형상화

여러 분야에서 분주하게 바쁜 일상과 여러 차례의 여행을 통해서 김민서 시인은 삶에 대한 깊은 통찰과 종교적 답을 얻은 듯한 시를 빚어내고 있다. 〈암흑 속에서〉, 〈해미원의 기도〉, 〈간월암의 기도〉가 그것이다. 김 시인님의 종교가 무엇인지는 모르지만, 천주교 박해가 있었던, 해미읍성 여행 후 쓴 시가 눈에 뜨인다. "해미원의 돌담길", "작은 풀잎조차 고개 숙임", "해미읍성의 성벽"의 시각적 이미지를 보인다. 여기에 "아이들 웃음소리"와 "장날 풍경 소리"의 청각적 이미지를 더하고 있다.

이 시에서 이런 이미지보다 더 중요한 것은 "바람결 따라 피어나는 기도/ 눈물에 비친 구름 조각 하나에도/ 은총이 흐른다"라는 종교적 사유를 하고 있다는 것이다. 그리고 시인은 이곳에서 자신의 안녕과 부귀영화나 명예를 기도하는 것이 아니라, "나는 두 손 모아 이 땅의 평화를 빌고/ 누군가의 고요한 눈물을/ 하늘에 띄운다"라는 아름다운 마음을 보인다. 이 땅의 평화와 순교자, 그리고 눈물을 흘리고 있는 누군가의 작은 시름까지 하늘에 띄우고자 하는 고운 마음이 시보다 더 아름답다.

〈간월암의 기도〉에서는 "이 조용한 절벽 위/ 달을 품은 암자에서/ 나는 나를 내려놓는다"라는 표현이 큰 울림을 주고 있다. 금강경金剛經의 가르침 "내려놓음"을 선택하는 시인의 사유의 깊이를 읽을 수 있다.

"기도는 말이 아니고/ 눈물이 아니라/ 그저 바다를 바라보는 일"…. "달빛 같은 용서를 배우는 시간"…. "저 너머 저 하늘 끝/ 잃어버린 마음의 집을 향해/ 작은 촛불 하나 밝혀/ 이 순간을 기도로 올린다"

간월암에서 시인은 잃어버린 마음의 집 – 욕심이나 갈등, 미움을 내려놓고 달빛 같은 용서를 배워 잃어버린 마음의 집에 촛불 하나 밝혀 진아眞我를 찾고자 하는 구도자의 모습을 보인다. 〈해미원의 기도〉와 함께 〈간월암의 기도〉는 김민서 시인의 내면의 깊이와 고요를 알 수 있는 우수한 작품이다. 공감共感을 보내며, 필자도 작은 촛불 하나 밝혀 이 땅의 평화를 위해 기도하고, 잃어버린 마음의 집을 찾는 일에 손을 모으고 싶다.

3. 나가는 글

위에서 김민서 시인의 두 번째 시집 「너를 사랑한 날들」의 특징을 6가지로 나누어 살펴보았다. 일상의 감각적 체험과 내면적 성찰이 교차하는 지점에서 탄생한 시집으로 보인다. 언어적 실험보다는 정서의 전달력과 사유의 진정성을 추구하며, 서정시 본연의 기능에 충실한 작품들로 구성되어 있다. 시인은 삶의 편린을 '시의 언어'로 번역해

서 문

내며, 경험과 시적 감각의 유기적 결합을 꾀하고 있다.

  또한 계절에 대한 사유, 만남과 이별, 사랑에 관한 시, 여행 시를 살펴보았다. 115편의 시 중에서 〈해미원의 기도〉와 함께 〈간월암의 기도〉에서 읊은 시가 김 시인의 사유의 극점이라고 볼 수 있겠다. 삶에 대한 깊은 통찰과 사유 - 평화를 기원하는 기도와 내려놓음의 미학의 정수를 읽을 수 있어서 기쁜 마음이다. 향후의 시 세계가 보다 정제된 언어 감각과 형상성의 밀도를 확보한다면, 김민서 시인은 보다 폭넓은 공감과 비평적 성공을 동시에 성취할 수 있을 것이다. 더욱 시에 정진하여 더욱 깊이 있는 시를 빚어낼 것을 기대하며 또한 제2시집 출간을 축하드리며 글을 맺는다.

                              [감수 시인 이정록 교수]

샘문시선 1070

한국문학상 수상 기념 시집

너를 사랑한 날들

김민서 제2시집

여는 글 / 4
서문
일상성에서 존재론으로, 감성에서 사유로 승화한 시詩/ 7

제1부 : 사월의 소곡

복사기 / 24
회억回憶 / 25
어린이날 1 / 26
어린이날 2 / 27
가위 / 28
자석 / 29
한강 / 30
들꽃 / 31
단추 1 / 32
단추 2 / 33
사월의 소곡 / 34
장미 1 / 35
장미 2 / 36
갈림길 / 37
휴식 / 38
가을에서 겨울로 가는 길목 / 39
김장하는 날 / 40
천재지변 / 41
회한 / 42

제2부 : 너를 사랑한 날들

빨래방의 모습 / 44
내 눈에 콩깍지 / 45
완두콩 / 46
거제도 홍포 일몰 / 47
가을은 색동저고리 / 48
가을의 길목에서 / 49
가을 문턱에서 / 50
오늘 / 51
조물주 / 52
대추의 추억 / 53
가을 / 54
후회한 사랑 / 55
너를 사랑한 날들 / 56
두 딸에게 / 58
양재천 새벽길 / 60
비 오는 날의 수채화 / 61
장맛비 / 62
6월의 하늘 / 64
오월의 장미 / 65
양재천의 아침 / 66
개나리 / 67
오월 스물한 날, 당신과 나 / 68
끝맺음 / 70
미루나무 / 71
봄의 향연 / 72
인생 라면 / 73

제3부 : 그때 그날의 별들에게

다낭 미케비치 해변 / 76
벚꽃 아래 / 77
봄의 속삭임 / 78
봄의 약속 / 79
저축의 노래 / 80
여름날의 추억 / 81
해미원의 기도 / 82
간월암의 기도 / 83
간월도에서의 하루 / 84
양재역에서 / 85
서리풀 숲길에서 / 86
고속 터미널 / 88
서초동 여름 저녁 / 89
한여름 방배동을 지나며 / 90
Rain Persona / 91
무주구천동에서의 우정 / 92
칠월의 첫 아침에 / 93
물비늘 아래서 / 94
그때 그날의 별들에게 / 95
봄날의 소나타 / 96
태풍 힌남노 / 97
남해, 바다의 속삭임 / 98
남해에서 친구와 데이트 / 99
금산 보리암 / 100

제4부 : 나는 사랑을 꿈꾼다

사랑도 달콤한 커피 향처럼 / 102
암흑 속에서 / 103
부족함 없는 날 / 104
초복 풍경 / 105
논개 가문 / 106
유월의 깊이 / 107
경포 밤바다 / 108
모래 / 110
오월 / 111
능소화 / 112
하늘이 대청소하는 날 / 113
매미 / 114
파도 소리 / 116
상사화 섬 / 118
오징어게임 / 120
기대 / 121
사랑인가 봐 / 122
설원을 걸으며 / 123
암호화폐 / 124
같은 꿈을 꾸는 사람 / 125
첫눈 / 126
하엽 / 127
제발 날 버려 줘 / 128
나는 사랑을 꿈꾼다 / 130

제5부 : 하늘 도화지

풍수지리 / 132
단풍나무 숲으로 / 133
가을 / 134
위도 / 135
흔들리는 우정 / 136
인연 / 137
광양 매화 축제 / 138
경칩 / 139
하늘 도화지 / 140
노을 / 141
흰 눈 / 142
백설 / 143
빙수 / 144
향기의 만남 / 145
설경 속의 커피 한 잔 / 146
등대 / 147
힐링 / 148
팔월의 아름다운 밤 / 149
외출 / 150
가로등 / 151
버스정류장 / 152
추억의 친구 / 153

제1부

사월의 소곡

복사기

무엇이든 척척 윤색이 되는
네가 부럽다

언제나 무엇이든, 채색하는
자화상으로 현상하는 네 마법의 능력,

나도 나와 똑같은 두 사람이 더 있었으면 좋겠다
1인 3역을 잘 해낼 수 있게…

회억 回憶

살랑살랑 시원한 바람 부는 냇가에 앉아

풀 향기 맡으며

풀피리 불며 놀았던

어릴 적 꼬마 신사 숙녀,

지금은 어떤 모습으로 있을까

나를 그 시절로 소환하여 녀석들을 만나볼까

"애들아 보고 싶다"

어린이날 1

5월은 온 산천초목이 싱그럽고 푸르다
우리들의 보배,
사시사철 푸른 소나무가 되거라

강물이 모여 바다가 되듯
너의 꿈을 하나둘 펼쳐가기를 소망한다

언제나 우린 그 자리에서
늘 응원하고 지지할께
꿈과 희망으로 활짝 피어나길

어린이날 2

두 손 꼭 잡고 걸어요
들꽃 향기 맡으며
푸른 잔디에 앉아 이야기꽃 피어요
너의 작은 어깨에 세상의 무거운 짐 대신
가벼운 깃털 같은 희망만 안겨 줄게
어른들의 조급함 대신
너의 걸음에 맞추어 갈게
너의 상상 무지개가 되어 뭉게뭉게
오늘은 너의 날 내일도 너의 날
언제나 너의 편이 되어 이 세상 가장 큰 사랑으로
너를 응원할게

가위

너는 무엇이든 손만 대면
네모 세모 마름모로
자르고 오리고
싹둑싹둑 잘도 만드네

마술사 같다
이쁘게 만들고 다듬고
너로 인해 세상이
아름다운 걸 또 배운다

자석

무엇이든 끌어당기는
너처럼…

나도 힘이 있었으면 좋겠어
그러면 긍정의 시너지를 만들 수 있을 텐데

세상을 플러스로 만드는
희망적인 사람이 되고 싶어

한강

햇살이 좋은 봄날에는
유유하게

하늘이 높은 가을날에는
여유롭게

여름 장마철 폭우가 내리는 날에는
장엄하게

언제나 도도하게 그 자리 그대로
유정한 한결같이 흐르는 너는

이치를 거스르지 못하는
순리에 순응하는 군자

들꽃

바위 틈새를 삐쭉 뚫고 나오더니
예쁘게 노랑머리로 단장하였구려
헤어샵에 다녀왔어요?

모진 비바람과 역경을 잘 이겨내고
희망의 새봄을 단장하는 고혹한 여인이여

오고 가는 길손들에게
위무에 미소를 보내는 그대가 있어
고단한 인생길이 슬프지가 않구려

단추 1

너가 있어 따뜻하고

너가 있어 멋스럽고

너가 있어 행복하고

너가 있어 빛이 난다네

내 몸에 꼭 필요한

그래서 내 인생이 아름다운 너

단추 2

추울 때는
나의 빈 가슴을 여미어주고
더울 때는
살짝 열어 보여서 멋스럽게 연출해 주는 너

난
너와 한시도 떨어질 수 없어
늘 함께 있지

그런
네가
난
늘
보배스러워

사월의 소곡

사월은 소망하는 달
온통
초록 초록 초오록

새로 돋아나는 어린 잎사귀처럼
연하고
부드럽고
새록새록 새파랗게

내 피부도 마음도 삶도
사월의 잎사귀처럼
새록새록 새로워지면 너무 좋겠어

장미 1

장미가 울고 있네요
는개비에
님이 떠나가셔서 서러우시나?

꽃송이마다 영롱하게
눈물이 방울방울 뚝뚝 떨어지누나

가시는 님 안쓰럽고 보고 싶어
나의 눈길도 강물 위로 떨어지누나

장미 2

가시는 님 발길 멈춘 그 길이
장미 넝쿨 꽃길 되어
싱그러운 오월의 푸르름으로

절절히 애달았던 남은 사연들
천년만년 피고 지고

계절의 여왕으로 등극하여
무정한 님 미운 님 천년만년 기다리리라

갈림길

항상 두 가지 갈림길에서
방황할 때가 있다

할까?
말까?

그러다 결국 긍정으로 가지만
뻔히 아닌데도 긍정으로 갈 때도 있다

이런 선택은

휴식

힘들 때는
방황하지 말고

여행을 떠나라
산으로
바다로
신비의 섬으로

사랑이 변하고
재화도 변하고
인생도 변하리니

가을에서 겨울로 가는 길목

겨울비로 추웠다
나무에 붙어있는 낙엽들도
하나둘 다 떨어져
길가 가로수에서 뒹굴고 있다

어디로 갈지 모르는 낙엽들의 방황
여름 내내 푸르름으로 함께 했던 나날
매미의 울음소리도 잊히고
점점 앙상한 모습으로
푸르름은 자취도 없어지고 초연해진다

그렇게 매일 바쁘게 살아온 나날들
물질의 탐욕 인간들은 다 벗어버린
나무를 보고 느끼는 게 없을까?

왜 그리 아등바등 살아갈까!
있을 때 좀 더 베풀고 나누면
아름답게 살아갈 수 있을 텐데
후회 없이 살아보자고요

김장하는 날

배추를 다듬고 소금에 절구고
시장바구니 들고
대파 쪽파 마늘 생강 무 생새우 배추에 넣을
양념, 한 바구니 사 들고 어머니는 바쁘시고
다 절궈진 배추를 건져내어
무생채에 손질해 놓은
양념에 젓갈과 고춧가루를 넣고 버무린다

우리는 버무린 배추를
항아리에 넣는 일을 거들고
아버지는 겨울 내내 먹을 항아리를
땅속 깊숙이 묻어 놓고
마지막에다 같이 수고하신 동네 분들과
막걸리에 돼지보쌈과 노란 배추속에
굴을 넣은 속쌈 맛보는 날

음…
김장은 이 맛이야
너두 나두 막걸리 한 잔에
품앗이 온 이웃들과 정겹네

천재지변

사람들의 모습도 다르고
갖고 있는 끼와 열정 모든 것이 다르듯
천지에 모든 것이 같은 것이 없네

산에 들에 핀 꽃
형형 색깔의 보기 좋은 수많은 꽃
길가에 작은 민들레
돌 틈 속에서도 생명력 강하게
핀 이름 모를 작은 꽃들

창조주는 위대하시다네
으르릉 쾅쾅 소나기가 오고
천재지변이 생길 때면
평화로운 자연 속에
점 하나 만한 우리의 인생
한없이 작아지며 반성한다네

회한

일 년의 마지막 겨울이 오려고 한다
가는 가을의 아쉬움 속에
플라타너스 나뭇잎의 거리를
온통 휘젓고 있다

을씨년스러운 날씨마저
우리의 아쉬운 마음을 휘저어 놓네

너무나 짧은 인생
후회 속에 낙엽들의 속삭임
회한만 남는다

제 2 부

너를 사랑한 날들

빨래방의 모습

예전에는 빨래터에서 아낙네들이 방망이질하며
수다 떠는 풍경이라면
지금은 500원짜리 동전 7개만 넣고
빨래 넣고 스타트버튼 누르면
빨래방의 빨래는 쉴 사이 없이 돌고 돈다

30분간 세척 탈수 후
다음은 건조기로 들어간다
오천 원 넣고 30분간 기다리면
보송보송 깨끗하게 부드럽게
산뜻하게 빨래 끝,

참 좋은 세상이다
빨래방 풍경은 예전과 다르게
기다리는 동안 노트북으로 일도 하고
드라마나 영화도 보는 풍경이 자연스럽다

젊은 청춘남녀들이 주말이면 북적거린다
늘 그 시간에 오면 만나는 사람이 있다
이젠 빨래방에서 눈이 맞으려나!
호호~~~

내 눈에 콩깍지

콩깍지가 씌었나 보다
눈에 뵈는 게 없다
오로지 한 사람밖에
어느새 내 마음은
콩밭에 있고
콩의 숫자를 헤아릴 수가 없다

완두콩

파란색 완두콩 속에 껍질을 까보니
콩알이 칠 형제다

한 번에 주루룩
한 칸에 하나씩 들어있다

완두콩은 좋겠네
늘 칠 형제랑 사이좋게 지내서
외로울 시간이 없겠네

거제도 홍포 일몰

홍포 일몰 붉게 타오른다
지는 해의 모습이 장관이다

일몰을 바라보는
너는
무슨 생각에 잠겨있을까?
수많은 생각이 오고갔겠지

나는 토닥거린다
잘하고 있다고
사람은 누구나 왔다 간다

슬퍼마라
지는 석양의 활활 타오르는
아름다움처럼 우리도
아름답게 잘살다 갈 거라고

가을은 색동저고리

설악산 지리산 치악산
온 동네 산이란 산은 온통
단풍으로 물들어 버렸네
내장산은 온통 빨갛게 물들어
빨간 옷으로 갈아입었네

남이섬의 은행나무길
노란 단풍 숲으로 빠져본다
여기저기 축제 속에
사람들의 밝은 모습
연실 터지는 셔터 속에서
웃고 떠드는 함박웃음

가을아!
이쁜 가을아
한순간의 스크린처럼
쓱 지나가지 말고
오래 머물렀으면 좋겠다
우리 인생도 한순간, 한순간 충실히
나에게 후해지자
다 주고 가는 가을처럼…

가을의 길목에서

여기서 저 끝까지
노오란 은행잎 단풍으로
거리를 장식하고 치장을 하는
가을 단풍 숲으로 빠져본다

단풍 거리를 달리는 차도
단풍을 또르륵 바퀴에 달고 간다
단풍들도 또르륵 따라나선다

나도 노오란 숲으로 걸어
또로록 은행잎과 가을을 느껴본다

노랗고 따뜻한 단풍 속에
따뜻한 차 한 잔이면
이 가을을 다 삼키고 가겠네

가을 문턱에서

나이가 든다는 것은

세월이 흘러간다는 것은

활화산처럼 타오르는

절정의 단풍처럼

그렇게 곱게 물들어 가는 것이다

인생의 아름다움을 그려내는 것이다

오늘

하루가 또 시작되었다

똑같은 오늘 같지만
매일 계절이 조금씩 바뀌어 가을이 왔지만
우린 서서히 오는 계절을 단풍이 들고서야
가을이구나 하고 느낀다

그러나 봄부터 겨울까지
일 년 삼백육십오 일이
그렇게 서서히 흘러가는 것이다
다 똑같은 오늘은 없는 것

그래서 오늘을 더 열심히 살아야 하는 것
하루의 소중함 오늘이라는 단어가
하루만, 하루만 더 살 수 있는 사람에게는
엄청나게 귀한 시간인 것을 알기에
귀한 오늘을 귀하게 보내야겠다

조물주

어쩜 창조주는 사람을
그렇게 다 다르게 만드셨을까?

한 명도 똑같지가 않다
키가 크면 작은 사람도 있고
성격이 좋은 사람이 있음
나쁜 사람도 있고
뽀족하고 모가 난사람
가시 돋친 말을 하는 사람이 있음
이쁜 말만 하는 사람이 있고
잘난 사람 못난 사람
세상이 재미없을까 봐 그러셨나?

각양각색의 사람들과
살면서 부딪치면서
서로 돕고 이해하고
둥글둥글 살아가라고
그러셨는가 보다

위대한 창조주님의 뜻을
헤아릴 수가 없다

대추의 추억

대추 한 알 또르륵 내 발길을 멈춘다
가을 대추 맛을 본 사람은 그 아삭하고
달콤함이 사과 못지않게 맛있다는 걸, 알지
이맘때면 아버지가 마당에서 따주신
대추 생각이 난다

대추 맛을 봤던 나는 그 기억이 난다
대문 옆에 대추나무 한 그루에서
엄청 많이 따서 이웃집 나누어주고
실컷 먹었던 생각이 난다

난 그 추억에 가을이면 대추를
시장 가서 사서라도 맛을 꼭 봐야만 한다
시월 이맘때
어린 시절 추억 속에서 대추와 함께
아버지가 그립다

가을

요즘 날씨가 가을답다
이렇게 슬그머니 우리 곁으로 가을이 온다
온통 천지가 가을이다

가을 꽃축제가 여기저기 사람들을
가을바람 타고 몰려든다

파란 하늘에 분홍 코스모스가 처녀의
설래임처럼 하늘거리고
동그란 해바라기도 가을바라기 한다

가을이 짧아서 더욱 아쉬워
추억을 더 담으려 안간힘 쓰는 듯하다

가을은 모든 사람을 평화롭게
아름답게 사랑스럽게 만들어주는 힘이다
가을처럼만 늘 행복했으면 좋겠다

후회한 사랑

사랑!
누구나 사랑 한 번쯤 안 해본 사람은 없겠지

급하게 갑자기 나타난 사랑이
필이 꽂혔던 사랑이
운명인 줄 알았던 그때

조금만 더 신중히 생각했더라면
인생이 달라졌을 텐데
운명이 달라졌을 텐데

그땐 몰랐지…
동정하듯 사랑하는 것이 아니라는걸

너를 사랑한 날들

내 가슴 한 켠엔
바람이 너를 데려간 날
지지 않는 꽃이 피었어

잊겠다고 수없이 다짐했지만
그 모든 다짐도
결국 너에게로 향했었지

너의 이름을 부르면
내 입술이 먼저 떨고
너의 숨결을 기억하면
내 심장이 먼저 젖었지

그날의 너는 따뜻했고
그날의 나는 모질게
사랑이 두려워 등을 돌렸지

시간이 모든 걸 흐리게 하지만
유독 너만은 또렷하게 남아
밤이면 밤마다 내 안에서 되살아나

그리움도 사랑이라면
나는 아직 너를 사랑하고 있는 거야

눈물도 기도라면
나는 너를 향해 매일 기도 하는거야

다시 돌아올 수 없다 해도
너를 사랑한 날들만이
내 삶에 가장 아름다웠었노라고

두 딸에게
- 어머니의 마음으로

햇살 같은 이쁜 나의 딸
내 품 안에서 눈을 뜨던 작은 생명이
이제 세상의 길을 걸어간다

너희의 걸음걸음마다 꽃이 피어나길
너희의 하는 말마다
긍정의 빛이 흐르기를
세상이 혹 거칠고 바람이 차가워도
엄마의 마음은

늘 너희 뒤에 따뜻한 볕이 되어 줄게
너희는 사랑받기 위해 태어난 존재
실수도 상처도 삶의 일부일 뿐
그 안에 피어나는 결 고운 단단함을
다정함을 잊지 않길 바란다
두 손 모아 기도하듯
엄마는 늘 너희를 응원해

세상이 흔들려도
너희의 삶이
희망으로 눈부시기를
사랑으로 가득하길
무엇보다 자신을 아끼고 사랑하길

언제나
어디서나
항상 든든한
너희들의 등불이 되어 줄게
언제나 너의 편이 되어
이 세상 가장 큰 사랑으로
너희를 응원할게

양재천 새벽길

햇살보다 먼저 피어나
노오란 금계국이 좋은 아침이예요
인사를 건넨다
양재천 흐르는 물소리 들으며
하루의 시작을 아침 운동으로 시작한다

선암 톨케이트 너머 서초 요양원도
평온한 고요가 흐르고 있다
두 팔 벌려 하늘을 향하고
달리기 하는 사람들
숨을 고르는 사람들

강아지와 산책 나온 사람들로
점점 아침 운동 하러 나온 이들이 많아진다
나는 양재천이 참 좋다
삼성 r&d와 ai 쎈터, 시민의 숲
미래가 숨 쉬는 이 골목에
자연 사람 기술이
조화롭게 어우러져서 더 좋다

이곳은
그저 스쳐 가는 동네가 아니라
삶이 꽃피는 나의 일상
양재천이 들려주는
고요한 사랑 이야기다

비 오는 날의 수채화

하늘이 검은 물감을 머금으니
회색빛 구름이 사르르 번지고
햇살은 잠시 구름 뒤로 숨습니다

빗방울은 붓끝처럼 창가를 터치하고
차고 습한 물 분자는
안개비 되어 내 몸에 촉촉이 스미니
물 먹인 솜처럼 파김치가 되었습니다

보슬비는 사람들이 받쳐든 우산 도화지에 슬픔과
그리움과 사랑의 서사를 그리니
위로가 되고 치유가 됩니다

오늘은 비 오는 날의 수채화 마냥
비 젖은 우산 속에서
나는 또 다른 나를 그려봅니다

장맛비

밭을 덮은 비닐이
툭툭 울음을 터트린다

밤새 토해낸 먹구름 속내가
지붕을 골목을 온 세상을 씻긴다

오래된 콘크리트 건물들
가로수까지 묶은 때 벗겨낸다

장마는 물주머니 차고 분주히 움직이고
나는 젖은 신발을 신고 분주히 움직인다

빨래는 베란다를 포기한 지 오래고
창문 틈 사이로 스며든 습기는
말없이 여기저기 곰팡이를 피우고

소리 없이 내리는 비는
모든 일상을 흔들어 놓는다
기억도
약속도
쓸쓸한 뉴스도…

잠시 멈춘 틈에 우산 없이 뛰어가는
사람을 본다
이들 뛰어다니는 모두의 발밑에는
이 여름의 진심이 있다

무궁화 친들에서의 우정 Rain Persona

— 비의 가면

옷이 드는 생각이 피어나
바람결에 따뜻함과 설렘이 생겨납니다
무궁한 순천, 구천동원 품 안에
익어진 꽃잎들 마음 속에 펼쳐지며
미래를 향해 힘찬 발걸음 내딛하니
가슴 시린 역사의 페이지 위에
생원에 뿌리내린 책처럼

자연의 품에서 조용히 어우러지고
말보다 위에 한 눈빛, 평화가
웃음 붕다 한 원생 민음에 피어났음을
결코, 잊지 않겠습니다
밤하늘, 별 밭 아래
속마음 따라 별처럼 반짝인 하루가
따끈히 온기를 한 친친 순잡았음을 알기에…
우정이 익어간다

새벽이 오면 물소리 따라 깨어나는
우리의 단합
하루를 넘어 마음속에 남으리

여행은 끝나도 이 순간은 남아
삶의 고갯길마다
함께 걷는 힘이 되리라

오월의 장미

눈이 부신 햇살 따라
붉게 피어오른 오월의 장미

향기로운 숨결 바람에 실려
지나는 발걸음도 멈추게 된다

수줍은 듯 봉우리 맺더니
어느새 활짝 피었구나

웃는 얼굴 겹겹이 마다 사람들의 이야기 물들고
따스한 바람 속에
붉은 정열 하얀 순수함, 노란 설레임

울타리 넘어 넘어
미소 건네는 오월의 여왕이여

그대
아름다움에 반해
나도 모르게 행복하다
세상이 발그레해졌어

양재천의 아침

상쾌한 아침 햇살 받으며
메타세콰이어 쭉 뻗은 이 길은 축복이다

싱그러운 초록빛 기운이 샘 솟네
수양버들 늘어진 가지를
단발머리 소녀처럼 곱게 단장하고

강아지들과 사람들 저마다 가볍게 뛰고
힘차게 걷고
따르릉 따르릉 정겨운 자전거 소리
바람처럼 스쳐 지나가고

양재천의 맑은 물소리는 귀가에 은은히 감돌고
이름 모를 새들의 노랫소리 아침을 가득 채운다

자연과 사람의 조화로움 속에 마음은 잔잔한
평화로 물드는 양재천의 고운 아침 산책길

개나리

햇살 가득한 봄날 개나리꽃 피어나
노란 물결 속에 숨겨진 희망의 노래
그러나 갑자기 찾아온 꽃샘추위
눈비가 내려 꽃잎을 감추네

바람에 실려 온 차가운 숨결
꽃보라, 사랑의 속삭임도 사라져
기다림 속에 다시 피어날 그날을 꿈꾸며
봄 한가운데서 느끼는 쓸쓸함

그러나 잊지 말아야 할 것은
어둠이 지나면 다시 환한 빛이
마음을 따스하게 감싸는 것은
봄날의 노란빛이 스며있음이니

오월 스물한 날, 당신과 나

오월의 햇살이 창가에 내려앉아
따스한 온기를 전하는 날
우리는 부부라는 이름으로 다시금
서로를 마주 본다

젊은 날 불꽃같던 설렘은 잔잔한 강물처럼
깊어져 함께 걸어온 시간의 발자국은
단단한 믿음이 되었다

때로는 거친 바람에 흔들리고
때로는 작은 돌부리에 넘어지기도 하며
당신이라는 든든한 나무 아래서
나는 다시 일어서곤 한다

밥상 위에 마주 앉은 눈빛 속에
말하지 않아도 마음이 오고
서로의 주름진 손을 잡을 때
삶의 고단함이 녹아 내린다

당신이 있어 외롭지 않고
당신이 있어서 행복합니다
가장 친한 나의 벗
가장 깊은 사랑 부부라는 이름으로
하나 된 우리

오늘 오월 스물한 날에
서로에게 고마움을 전하며
남은 날도 당신과 함께 사랑으로
물들이겠다고 다짐합니다

끝맺음

인생의 한 계단 한 계단
소나무의 나이테처럼

대나무
한 매듭 한 매듭같이

우리 인생도
만남과 이별을 잘 매듭져야

미루나무

6월의 햇살은 찬란하다
햇살을 받고 자라나는 모든 것들은
진한 초록으로 옷을 갈아입고
산들산들 흔들어 시원한 바람을 만들기도 한다

그 바람은
힘들고 고달픈 이들의 땀을 식혀 주기도 한다
또는 어린이들의 놀이터가 되어 주기도 한다
그늘 밑에서 편안하게 책을 볼 수도
어르신들의 휴식처가 되기도 한다

장기를 두며 훈수를 두는 이웃들
보는 이들이 더 재밌다
까르르 웃는 동네 꼬마 아이들
공기놀이의 달인 영희
딱지치기의 달인 철수도
장래의 훌륭한 인물이 된다는 민호

우리 동네 미루나무 밑에서는
여러 가지 세상사가 재밌게 흘러가고 있다
6월의 나무는 모든 이에게 꿈과 희망을 준다

봄의 향연

봄바람 속에 피어나는 꽃들
햇살에 반짝이는 이슬방울
새싹이 터지는 생명의 노래
온 세상 화사하게 물들어 간다

푸른 하늘 아래 새들의 합창
어디선가 들려오는 행복한 속삭임
벚꽃 흩날리며 춤추는 순간
봄의 향연에 마음을 맡기네

따뜻한 햇살에 감싸인 이 순간
모든 것이 새롭게 시작되는 기쁨
봄의 향연 속에

인생 라면

처음 끓이는 라면처럼
내 인생을 팔팔 끓는 물에 넣는다
꼬돌꼬돌한 맛 탱글탱글 살아있는 면발은
때로는 아프지만
씹을수록 힘이 나고 새로운 맛이 느껴집니다

도전과 설렘으로 가득한 시간
인생의 꼬돌한 순간
시간이 흘러 국물에 스며들 듯
고단한 면발은 점점 부드러워지고
푹 퍼진 맛 뜨거운 국물 다 받아내어
묵직하고 깊은 맛을 내니
세월의 무게가 익숙하게 모든 것을
품어 안습니다

너그럽게 지나온 날들의 지혜가 담긴
인생의 푹 퍼진 순간입니다
어떤 맛이 더 좋다 말할 수 있을까요?
꼬돌한 맛도 푹 퍼진 맛도
모두 인생 라면의 일부인 것이지요
뜨거운 국물 속에서 함께 어우러져
비로소 하나의 맛을 완성합니다

우리네 인생도 그러하듯이
꼬들한 청춘의 시간도 푹 퍼진 완숙함의 시간도
모두 소중한 순간들입니다

제 3 부

그때 그날의 별들에게

다낭 미케비치 해변

따스한 햇살 아래 낯선 언어의 속삭임,
썬텐하는 이방인들의
평화로운 한때를 즐기는 모습

이국적인 풍경 속에서
앙증맞은 분재 파파야
초록 잎사귀 흔들거리며 바람의 노래를 부르네

넓고 끝없는 해변,
출렁이는 파도 소리 자장가 삼아
나도 잠시 마음의 짐 내려놓고 쉬어 가네

아름다운 미케비치 해변이여!
그대의 품 안에 안겨
오늘 하루 행복을 만끽한다네

벚꽃 아래

하늘은 파랗고, 바람은 부드럽게 나를 감싸며
양재천 가에 벚꽃 피어납니다

하얀 꽃잎들이 춤을 추듯 떨어지고
사람들의 웃음소리 봄의 노래

햇살 가득한 이 길을 따라
벚꽃 터널을 지나가는 순간
시간이 멈춘 듯 마음도 설레고

자연과 하나 되어 흐르는 기쁨
한 잎 두 잎 꽃잎이 떨어져 날리며
끝사랑의 서사가 쌓여갑니다

이 순간 양재천의 풍광을
마음 깊숙한 심연에 고이 담아
나의 소중한 설화가 영원히 피어나길…

봄의 속삭임

노란 개나리와 유채꽃이 강변에 흐드러지고
종다리는 봄의 노래를 부르네

수양버들 가지에 새싹이 돋아
하늘하늘 바람에 춤을 추고
푸른 하늘은 맑고 투명하니
거리의 사람들 웃음꽃 핀다네

아름다움이 가득한 이 순간
자연과 함께 마음이 편안하니
이 서정은 자연이 주는 힐링이라네

봄의 약속

토실토실 봉우리에 꽃살 차오르는 소리
겨우내 잠 들었던 대지가 가만히 귀 기울인다

따스한 햇살이 내려앉아 얼어붙었던 마음을
녹이면 연둣빛 새싹들이 수줍게 얼굴을 내밀고

저마다 품었던 꿈처럼 고운 빛깔의 꽃들이
세상을 향해 활짝 피어 납니다

봄은 그렇게 말없이 다가와
새로운 시작을 약속해 줍니다

저축의 노래

한 푼 두 푼 작은 씨앗들 주머니 속
고이 심어두면
시간의 물을 머금고 소리 없이 자라네

욕심의 손길 잠시 거두고
오늘의 기쁨을 조금만 미루면
내일의 햇살 아래 풍성한 열매 맺으리

티끌 모아 태산이라 하였듯
작은 정성들이 쌓이고 쌓여서
든든한 울타리가 되어 꿈을 향한 디딤돌이 되네

부지런한 마음으로 하루하루 채워가는 기쁨
미래를 가꾸는 지혜로운 발걸음
그것이 바로 태산을 이루는 저축이라네

여름날의 추억

한여름 햇살에 반짝이던
바닷가 조약돌 같은 웃음을
모래 위에 남긴 발자국들
지금도 파도에 밀리어 속삭이네

저녁노을 물든 하늘 아래
캠프파이어 불꽃은 하늘로 훨훨 불타오르고
우리의 비밀 소망 첫사랑은
그 불빛 속에서 조용히 피었지

물장구치며 기타 치며 흥겹게 부르던 노래
젖은 머리칼에 묻은 자유
꿈 많던 소년 소녀들의 장난기 가득한
눈동자마다 별을 품었었지
그 시절 우리의 지금은
각자의 길 위에 서 있지만
여름밤 별빛 아래 맹세한 마음은
바람결 따라 여전히 살아있어

혹시 지금 너도 문득
그 바다 그 불빛 그 노래를 떠올릴까?
우리의 추억은 바래지 않고
시간 너머 여름으로 피어나겠지

해미원의 기도

조용히 불어오는 바람 따라
해미원의 돌담길을 걷는다

하늘은 맑고 청명하며 기억은 깊다
순교자의 숨결이 깃든 이 땅엔
작은 풀잎조차 고개 숙이고 있다

해미읍성의 성벽 너머로
시간은 조용히 흐르고
아이들 웃음소리, 장날 풍경소리
그 옛날을 품은 듯 따뜻하다

바람결 따라 피어나는 기도
눈물에 비친 구름 조각 하나에도
은총이 스며든다

나는 두 손 모아 이 땅의 평화를 빌고
누군가의 고요한 눈물을
하늘에 띄운다

간월암의 기도

파도는 제 길을 알고
바람은 머물 곳을 안다
이 조용한 절벽 위
달을 품은 암자에서
나는 나를 내려놓는다

햇살도 숨죽이는 새벽
간절함은 물소리에 실려
기도는 말이 아니고
눈물이 아니라
그저 바다를 바라보는 일

허물도 고통도 모두 잠재우고
달빛 같은 용서를 배우는 시간
조용히 두 손 모아
내 안에 파도를 잔잔히 달랜다

저 너머 저 하늘 끝
잃어버린 마음의 집을 향해
작은 촛불 하나 밝혀
이 순간을 기도로 올린다

간월도에서의 하루

붉게 물든 하늘 아래 서해의 해가 천천히 잠들고
낙조의 숨결 따라
우리의 마음도 물들어 갔다

간월암의 고요한 돌계단을 밟으며
달을 보듯 기도하며 잠시 멈춘 마음
바다처럼 넓어진다

조개껍질이 반짝이는 바닷길
아이들의 웃음소리
맨발로 걸어 들어간 갯벌엔
작은 생명들이 바쁘게 움직인다

손에 손을 잡고
싱싱한 해물 가득한 식탁 위에
바다의 맛과 웃음이 피었다

하루가 저물어도
이 기억은 지워지지 않으리
간월도의 바람처럼
오래도록 마음에 머물리라

양재역에서

퇴근길 양재역
분주한 발끝 사이로
노을이 살며시 내려앉는다

양재천 물비늘 위로
자전거의 풍경과 버드나무 사이로
바람이 수채화처럼 번진다
하루의 무게를 씻어내는 한 줌의 여유

시민의 숲엔
나뭇잎 사이 햇살이 부서지고
작은 새 한 마리
은행나무 아래 노래를 건넨다

도심의 숨은 쉼표
양재 시민의 숲은 언제나 좋다
당신이 서 있는 이곳이
오늘의 가장 고요한 풍경이다

서리풀 숲길에서

서리풀 터널 끝에서
바람에 실려 온 반포대로의 숨결
누에 다리를 지나 몽마르뜨 언덕으로
도심의 속삭임이 숲속에 물든다

나무 아래 데크는
누구의 발걸음에도 열려
무장한 길 위로 아이의 웃음, 노인의 숨결
고요한 숲의 초록은
삶의 무게를 가볍게 흔드는 숨결

벚꽃이 쏟아지는 봄날엔
분홍빛 눈이 떨어져
한걸음마다 부서지는 꽃잎의 파면
그 위에 남은 내 마음의 발자국

여름엔 나뭇잎 사이로
여린 빛줄기 한 올 흔들리고
가을엔 단풍이 나를 감싸
차분한 고요로 나를 물들인다

겨울엔 하얀 고요가 깃들고
나무는 잠시 낮잠에 취해

온 세상이 숨을 죽인 채
다음 계절을 기다린다

서리풀 공원의 숲
도시의 공원에서 나는
오늘도 다시 태어나서 기다린다

고속 터미널

사람들은 모두 어디론가
떠나거나 돌아오는 길 위에 서 있다
고속터미널 서울의 심장 한 켠
수많은 가방과 발걸음들이
새벽부터 밤까지 늘 분주하다

유난히 더운 여름의 열기에도
바람처럼 스쳐 가는 얼굴들
엄마 손 꼭 잡은 아이의 눈망울
군복무 마친 청년의 쑥스러운 웃음
한 손에 꽃을 든 노인의 기다림까지

지하상가에는 세일 안내에 많은 사람들이 북적이고
바쁘게 수선한 삶들이 짐을 싸고
어디쯤에서 문득 걸음을 멈춘다

시간표에 적힌 숫자들
그건 목적지가 아니라
각자의 사연, 안녕의 이름들

어디로 가든 괜찮다고
잠시 멈추는 이 공간은 말한다
삶은 떠나는 길과 돌아오는 사이에
작은 돌다리가 놓여 있었다

서초동 여름 저녁

파란 하늘 아래
뭉게구름이 뭉실뭉실 떠가고
6시 퇴근길인데도
거리는 아직도 환하다

칠월 말, 사람들은 떠난 듯
거리는 조용하고
폭염 속에 하루를 견딘 몸엔
차가운 음료 한 잔이 오아시스다

예술의 전당 지나
분수처럼 터지는 물줄기
한순간,
도심이 아닌 계곡이 된다

이 더운 날
서초동 하늘엔
시원한 바람 한 줄기 대신
작은 여유와 쉼이 살짝 내려앉는다

한여름 방배동을 지나며

한여름 땡볕,
38도의 뜨거운 태양이 아스팔트를 녹이고 있다

사람 없는 거리
햇빛 만이 숨을 몰아쉬며 거리를 지운다

삼호교회 담장은
온통 초록 담쟁이로 덥혀있는 모습이 장관이다
마치 기도하듯 조용히 그늘 하나 만나지 못한 채

봄이면 벚꽃으로 눈부셨던 삼호 아파트 나무들
지금은 잎을 꾹꾹 눌러 펴고
매미 울음소리에 잠긴다

쉴 사이 없이 목이 터지라 울어 대는 매미 소리
그 아래 내 발자국 소리만 뜨겁다

여기 한철의 몸이 지고
한철의 여름이 타 오른다

Rain Persona
― 비의 가면

젖어 드는 창가에 희미한 그림자
사락사락 비는 내려 그리움을 부르네
잊혀졌던 낯익은 가면들이 빗방울 되어 흐르고
메마른 가슴을 촉촉이 적시니
아련한 파동이 물결처럼 밀려오네

작은 우산 아래 기댄 따스한 어깨 툭툭 떨어지는
빗소리조차 정겨워라 함께 걸었던 그 길,
발을 맞추던 순간들
애틋한 추억 속에 스미는 비의 애착,
그 순간은 영원히 내 안에 머무르리

그러나 때론, 천둥과 번개 뒤섞여
세상은 먹장구름 가면 속 두려움에 잠기니
가슴을 조이는 알 수 없는 불안감
무너질듯한 밤, 깊은 외로움이 스며
빗줄기처럼 막막한 현실에 갇히는가

밤새도록 내리던 굵은 비 그치고 새벽빛에
깨어나는 만물의 속삭임 씻겨진 대지 위에
푸른 생명 돋아나고 고요한 풍경 속에
샘솟는 감동은 다시금 살아갈 힘,
삶의 경이로움이어라

무주구천동에서의 우정

열네 명의 마음이 모여
바람결 따라 길을 나선다
무구한 산천, 구천동의 품 안에
우리는 하나 되어 걸어간다

서로 다른 색의 삶이
자연의 품에서 조용히 어우러지고
말보다 따스한 눈빛,
웃음보다 깊은 믿음이 싹튼다

밤하늘, 별 밭 아래
속마음마저 별처럼 반짝이고
따끈한 온기 나누는 술잔마다
우정이 익어간다

새벽이 오면 물소리 따라 깨어나는
우리의 단합
하루를 넘어 마음속에 남으리

여행은 끝나도 이 순간은 남아
삶의 고갯길마다
함께 걷는 힘이 되리라

칠월의 첫 아침에

싱그러운 바람이 창문을 두드린다
달콤한 청포도 한 송이처럼
칠월이 손짓하며 다가온다

햇살은 더 깊어지고
과일은 제맛을 알아가고
내 마음도 익어간다. 상큼하게

모든 게 잘될 거야
그간 조그맣게 중얼거리던 말들을
오늘은 힘껏 외쳐본다

좋은 일이 많아져라~
웃음이 넘쳐흘러라~
칠월의 시작, 희망에 파동이 너울거린다

물비늘 아래서

물고기 한 마리 강물 속 꿈을 따라
은빛 비늘을 흔든다

햇살은 물비늘 위로 조용히 내려앉고
그 안에 잊혀진 여름이 투명하다

가끔 물고기는 깊은 곳을 헤엄치며
자기 안에 가시를 만난다

보이지 않던 상처가 빛에 닿을 때
비늘은 더 반짝인다

흐르는 건 강뿐만이 아니다
흘려야 하는 건
그 안의 아픔
그리고 다시 떠오르는 희망

그때 그날의 별들에게

총성이 하늘을 찢던 날
그대는 스무 해 꽃 같은 나이에
조용히 총을 들고 떠났지요

누구는 어머니의 품을
누구는 연인의 눈빛을 뒤로 한 채
오직 나라를 가슴에 품고 나아갔습니다

무명의 언덕 아래
이름 없이 잠든 이여
오늘 우리가 숨 쉴 수 있는 이 하루는
그대의 봄을 대신한 시간입니다

눈물겹게 지켜낸 푸른 산하
당신의 피눈물 위에 자란 들꽃 들은
지금도 바람 곁 따라 고개를 숙입니다

우리는 잊지 않겠습니다
당신이 지킨 이 나라 위에서
평화를 노래하며 감사하며
이 하루를 온전히 살아가겠습니다

그날의 별들이여!
오늘도 하늘의 서광처럼 빛나 주소서

봄날의 소나타

햇살 가득한 봄날, 개나리꽃이 피어나
노란 물결 속에 숨겨진 희망의 노래
그러나 갑자기 찾아온 추위의 손길
눈, 비가 내려 꽃잎을 감추네

바람에 실려 온 차가운 숨결
꽃보라, 사랑의 속삭임도 사라져
하지만 기다림의 시간 속에
다시 피어날 그날을 꿈꾸리

봄 한가운데서 느끼는 쓸쓸함
그러나 잊지 말아야 할 것은
어둠이 지나면 다시 환한 빛이
우리의 마음을 따스히 감싸리

노란 개나리 강변에 피어나
수양버들 쭉 늘어진 강가에
새싹 돋아 봄의 노래 부른다
하늘거리는 모습 바람에 실려

푸른 하늘 맑고 투명하게
거리의 사람 웃음꽃 피우고
아름다움이 가득한 이 순간,
이들과 함께한 마음이 평안하네

태풍 힌남노

힌남로의 그림자…
서울의 하늘 저 멀리 남쪽에서 힌남노,

그 이름만으로도 세상을 흔들 듯 다가와
가슴을 쓸어내리게 했다
바람 소리 빗줄기 상상에 괜스레 창밖을 살피며
무서움에 떨었다

하지만 여기 서울은 아무 일 없었다는 듯
하늘은 티 없이 맑고 청아합니다
구름 한 점 없이 푸른 빛이 마음을 환히 비추고 새
소리 바람 소리가 평화롭다

같은 시간, 다른 풍경으로
어둠과 빛이 교차하는 세상에서
안도의 숨을 내쉬며
맑은 푸른 하늘에게 감사드린다

부디 태풍의 길목에서 선
모든 이들이 무사하기를 간절히 빈다

남해, 바다의 속삭임

쪽빛 물결 일렁이는 남해바다

가슴 시린 바람이 불어와 귓가에 속삭이고
멀리서 달려온 파도는 하얀 포말을 남기고
모래밭에 부서지며 지난 이야기를 들려주네요

솔가지 사이를 지나온 바람은 솔 향기 머금고
부드럽게 양 볼을 스치고
바다 위 갈매기 날갯짓 따라 자유롭게 하늘 가릅니다

때로는 거칠게 몰아치고
때로는 잔잔히 불어오는 바람,
깊고 푸른 바다가 만나 빚어내는 아름다운
교향곡,

그 선율 속에 잠시 나를 맡겨 봅니다

남해에서 친구와 데이트

푸른 물결 일렁이는 남해바다 따라
오랜 친구와 손잡고 걸어봅니다
세월의 흔적 고스란히 담은 얼굴들
활짝 웃음꽃 피우며 추억을 이야기한다

독일마을 이국적인 풍경 아래 낯선 듯 익숙한
정겨움이 흐르고 다랭이 마을, 층층 계단밭처럼
우리의 시간도 차곡차곡 쌓여왔죠

어느새 출출한 배를 채우려
추억 속 구수한 보리빵을 한 조각씩 나눠 먹는다
어릴 적 그 맛 그대로 입안에 가득 퍼지며
옛 생각에 퍼지는 따뜻한 온기

보리빵처럼 투박하지만, 진한 우정
오십 년 세월 함께 걸어온 발자취
남해의 아름다운 풍경 속에 녹아 들어,
또 하나의 소중한 추억이 된다

금산 보리암

초록 물결 넘실대는 남해바다
그 위로 솟아오른 금산 봉우리
비단옷 입은 듯 신령한 산세에
천 년 고찰 보리암 고즈넉이 앉았네

바람 실어 오는 파도 소리 관세음보살님의
자비로운 속삭임 같아
간절한 소원 품고 찾아온 이들
두 손 모아 마음의 평화 갈구하네

양양 낙산사 붉은 해돋이,
강화 보문사 눈썹바위 아래
여수 항일암 동백꽃 피는 언덕
그 모든 성스러운 기운 모아

금산 보리암 바다를 굽어보며 중생의 고통
어루만지는 곳, 기암괴석 병풍처럼 둘러싸여
세상의 시름 잠시 잊게 하네

소나무 가지 사이 스미는 햇살
법당 처마 끝 풍경소리 맑아
이곳에 서면 절로 고개 숙여지니 금산의 상징,
보리암이여!

제 4 부

나는 사랑을 꿈꾼다

사랑도 달콤한 커피 향처럼

아침 햇살 창가에 스며들 듯
어느새 코끝 간지럽히는 달콤한 커피 향처럼

사랑도 그렇게 소리 없이
살며시 다가와 주면 좋겠네,

갑작스러운 폭풍우가 아닌 따스한 봄비처럼
촉촉이 스며들면 좋겠네

쓰디쓴 인생의 한 모금에도
은은한 향기로 위로하듯
지친 마음에 온기를 주면 좋겠네

커피잔 속 깊은 색처럼 오래도록 변치 않는
깊은 사랑이면 좋겠네

암흑 속에서

해는 저물어 붉은 노을마저 삼키고
세상은 검은 장막을 드리웁니다

익숙했던 길도 어둠 속에 희미해지고
어디로 발걸음을 옮겨야 할지 막막함이
가슴을 채웁니다

별 하나 뜨지 않은 밤하늘 아래 홀로선
그림자처럼 갈 곳을 잃은 마음은
어둠보다 더 깊은 곳으로 가라앉습니다

하지만 어둠 속에서도 길은 있습니다
보이지 않을 뿐 희미한 빛이라도 따라가 보면
새벽은 반드시 찾아올 것입니다

부족함 없는 날

따사로운 햇살이 어깨 위에 내려앉아 거리의
풍경이 한 폭의 그림 같네

맑고 청아한 날씨에 마음까지 투명해지고
파아란 하늘에 뭉게구름이 피어나
더없이 아름다운 날

좋아하는 친구들과 함께 웃음꽃 피우니
이 시간, 이 순간이 무엇 하나 부족함이 없네

따스한 햇살처럼 맑은 하늘처럼
우리 우정 변치 않고
이 행복 오래도록 가슴에 머물기를

초복 풍경

이글거리는 태양 아래
대지는 숨 막히는 열기 토하고
찌는 듯한 무더위 속 매미는 목청이 터진다

삼복중 첫 시작을 알리는 초복 날,
몸 보신 하려는 사람들로 삼계탕집 앞은
복날의 열기만큼 북적이며 생기로 가득하다

뜨거운 뚝배기 김 서린 풍경 속에 땀 흘리며
웃음꽃 피우는 이것이
바로 여름날 한국인의 정겨운 모습

더위에 지친 몸과 마음과 정신에
따뜻한 기운 불어넣는
복날의 삼계탕 한 그릇처럼 내일 하루도 힘내자

논개 각문

진주 남강 푸른 물결 위에
촉석루 그림자 고요히 잠겼네.
임진년 왜적의 칼날 아래 무너진 성벽
흩어진 넋魂.

그 아픈 가슴에 품고
고운 옷자락 여미며 나선 그대들이여!
의암 바위 위 홀로 서서 왜장을 유인하는 눈빛,
결연했네

열 손가락 가락지 끼고 강물에 몸 던진 그 순간,
나라 위한 뜨거운 충정, 남강
물결 따라 불멸의 영혼, 영원히 흐르네

의로운 기생이라 불리었으나
그대는 진정 우리 겨레의 어머니!
정의 암에 새겨진 이름 석 자,
천년만년 찬연히 빛나는 그대, 논개여.

유월의 깊이

유월의 햇살 아래 세상은 온통 푸른 물감으로
덧칠이 됩니다
어제보다 짙어진 나뭇잎처럼
우리의 시간도 깊은 색을 입습니다

바람에 흔들리는 초록의 속삭임 속에서 오래된
우정은 더욱 단단해지고 따스한 눈빛 속에
피어나는 사랑은 붉은 장미처럼 만개합니다

양재천 물소리 따라 걷는 길 위에서
마음의 짐들은 가벼워지고
함께 나누는 작은 미소 하나에도
삶의 풍요로움이 깃듭니다

녹음이 짙어갈수록
우리의 인연도 우리의 마음도
더욱 깊고 아름답게 물들어 갑니다
유월, 깊어지는 모든 것들의 계절입니다

경포 밤바다

오늘따라 유난히 밝고 큰 둥근달이
경포 밤바다를 아름답게 비추네
달빛으로 물길을 열어 오느걸까?
하늘 바다를 넘나드는 선녀가

모래밭에 앉아서 밤하늘 바라보며
감탄하는 많은 연인들은
무슨 소원을 빌며 바라보고 있을까?

밤은 익어 가는데
삼삼오오 앉아 있는 연인과 친구들,
돗자리 깔고 앉거나 누워서
찬연한 달빛 휴가를 즐기고 있네

휘영청 달도 집에 보내줄 생각을 않네
경포 밤바다 축제 폭죽 터지는 소리와
축제의 빛으로 더 아름다운 밤바다

아름다운 탄성이 탄주하고
달도 샘이나 밤바다에 풍덩 뛰어들었네
이 아름다운 찰나, 찰나 담으려
연신 카메라 셔터가 터지네

젊음과 정열의 경포대
경포대의 밤이 아름다워 취했네
바닷가에 앉아서 속살거리는 젊은 여인들
젊음의 초상이여 아름다워라

늦은 밤 젊음의 열기는 식을 줄 모르고
고혹한 버스킹 음악까지 흐르네
잊히지 않을 영원한 추억이여
경포대 밤바다여!

모래

솔 향기 솔솔 부는 경포 앞바다
바다 내음과 함께 철썩거리는 파도 소리
사람 소리 너무 정겹다

시원한 아이스 아메리카노 한 잔과
흔들그네에 앉아서
드넓은 바다를 바라보는 이 느낌이 너무 좋다

하늘은 파랗고 뭉게구름도 이쁘고
바다는 더 파랗게 신나서 아우성친다
사람도 바다도 철~썩 쏴아아~

흰 물거품 만드는 인어공주라도 나타날까?
잠시 생각에 빠져본다
신나서 음악에 맞추듯 출렁이는 바다는
뛰어가고 도망가듯 파도타기를 한다

수없이 많은 모래를 사부작사부작 밟고
발가락 사이로 빠져드는 모래알들의
느낌은 부드럽고 따뜻하다
촉감놀이를 하듯 오감을 느낀다
바다가 주는 힐링이다

오월

푸르른 오월 비가 내린다
비 온 후 나무들이 더욱더 잎이 무성해진
신록의 계절에 숲길을 걸으니,
숲에 나무들은 묽은 때를 벗고
초록초록 나뭇잎들이 더욱 싱그럽다

이제 곧 더워질 텐데
한낮에 땡볕을 그늘로 가려주겠지
그립다, 고마운 어머니의 품 같은
나무 그늘이 그립다

그늘에 모여 재잘거리며 공기놀이하던 친구들
그대들은 지금 어떻게 지낼까?
반세기를 지난 지금 그립다
그 시절
정다웠던 친구들

능소화

장맛비가 오는 날
불현듯 덕수궁을 찾았다

덕수궁 돌담길과 고풍스러움에 이끌려
안으로 들어서니
방글방글 임 마중 나왔던 여인이
장맛비에 흠뻑 젖어서 낙화한 낙화에 꽃길이
온통 붉다

여인이여! 여인이여!
그대는 떨구었어도 아름답구려
그녀에게 취한 덕수궁 돌담길,

오늘은 내 님도 오시려나
하염없이 기다려진다

하늘이 대청소하는 날

하늘은 오늘 대청소하는가 보다
온통 흰 거품으로
구름이 여기저기
뭉실뭉실 아무 냥을 그린다

온 동네가 빨래를 하나보다
엄청난 거품 모양이 하늘 전체를 뒤덮을 만큼
여기저기 아기 구름, 꽃게 구름
뭉게구름으로 모양을 그린다
대청소가 다 끝나면 파란 하늘을 보이겠지

파란 높은 하늘
저런 하늘을 얼마 만에 보는 것일까?
내 마음도 맑음이다
바다가 하늘인지 하늘이 바다인지
오늘은 파란 마음으로 두둥실
기분 좋은 날이다

매미

계절의 시간은 어김이 없다
처서가 지나니
바깥 공기가 선선함은 무엇일까!
매미의 목청 높여 우는소리가 애달프다

한여름 밤의 꿈들이 사라져 가는 듯
스물네 시간이 아까워진 듯
저녁 먹고 나와보니 서늘한 바람이
제법 둘레길을 걸을 만하다

어두워지니 찌르레기. 소리가
곧 가을이 온 듯하다
어쩜 이리도 그 무덥고 습했던 날들이
이렇게 시원한 바람이 불다니
참 조물주가 대단하시다

아등바등 힘들게 사는 인간들이
자연 앞에서는 점만큼 작아지는 마음
오늘도 저녁 마실 길에
자연을 또 배운다

호반의 걸려있는 초승달이
시크하게 나를 쳐다본다
나는 오늘도 아스팔트 길을 달리고 또 달린다
누구를 위하여 종을 울리나?
건강 백세 꿈꾸며

파도 소리

휴가 끝 무렵
낮에는 아직도 땡볕이라 무지 덥다
펜션에서 바라보는 경치는 너무 멋지다

위도 섬의 파도 소리는 철썩쏴아아 철썩싸아
어서 오라고 손짓한다
해변은 걷기 딱 좋은 멋진 길

들녘은 가을걷이 채비로 분주하고
매미의 울음소리도 작아질 즈음
마지막 휴가 온 사람들이 즐겁다

여유로운 모습의 위도
이곳은 상사화 축제로 이른 아침부터
격포항에는 배를 기다리는 사람들도 인산인해다

물길을 가르고 위도에 도착한 고슴도치섬
이곳은 특별한 꽃, 흰 꽃 상사화가 있다
작고 아름다운 섬 위도
얼마나 특별할까, 설레는 맘으로 너를 만난다

솔 향기 솔솔 나는 소나무 숲에
고고하게 우아하게 군락을 지어
피어있는 너를 만났다

너무나도 귀하고 특별한 흰 꽃, 상사화
유네스코 세계 지질 공원 등재될 만큼
환상의 섬 위도

부안군 위도해수욕장
경치 좋은 펜션에서 한눈에 보이는 이곳은
다시 또 오고 싶은 애틋한 섬

상사화 섬

너를 만나려고 서울에서
새벽 3시에 출발해 거센 격포항
바닷길을 건너온 위도해수욕장,
산과 바다가 하나로 어우러진 고슴도치 섬,
아름다운 위도,

이 섬에서 만난 너는
가녀린 수선화 같기도 하고
소나무 숲에 올곧게 서 있는 청초한 꽃
흰색의 상사화라니
붉게만 물들인 너를 생각했는데

위도의 특별한 꽃,
위도 만의 자랑,
청초하리만큼 이쁜 너의 자태는
그 누구도 범하지 못하겠구나
바닷가에 곱게 피어있는 너,

그리움으로 한 해 두 해를 보내고
나는 이곳 위도를 찾았네
이루어질 수 없는 사랑으로
가슴 아프지만
너를 만난 것만으로도 행복하노라

영원히 잊지 못할 위도의 흰 꽃,
내가 만난 상사화로구나!
네가 바로 상사화로구나!

오징어게임

넓은 운동장
친구들만 있으면 행복했던 그 시절

추억의 놀이
공기놀이, 선 긋기, 망 까기
비석 깨기, 딱지치기
찐, 친구들과 게임 한 판

훌라후프, 줄넘기, 고무줄놀이
무얼 갖고 놀아도 재밌었던 그 시절
가위바위보 게임으로도
하하 호호 웃던 그 시절

그 시절
그때
순이 철이는 무얼 하고 있을까?
지금은 고향 같은 그리움으로 남았다

기대

꽃들도 깨어나지 않은 이른 아침
나팔꽃이 기지개를 켜고 있다
무슨 좋은 소식을 전하려는 걸까?

음~
아침 풀 향기가 상쾌하다
새들도 합창하는 아침
지지배배 짹짹, 무슨 대화일까?
알 수 없는 소리로 아침을 깨운다

서서히 동이 튼다
동이 트는 햇살 사이로
풀잎마다 영롱하게 맺혀 있는 이슬들마저
반짝반짝 빛나는 아침,
나의 오늘 하루는 살짝 설렌다
좋은 일이 있을 것만 같아서

사랑인가 봐

너만 봐
너와 나의 만남이
푸른 하늘과 바다처럼
어디가 하늘이고 바다인지 모를 경계선이 없는
사랑이고 싶다

파도처럼 넘실넘실 출렁출렁
바다를 바라보는 것처럼
그저 좋아 분별력 없는 사랑이고 싶다

매일 만나고 헤어져도
더 오래 있고 싶은 맘이 간절하고
하루, 온종일 너의 모습 그리며
하루를 보낸다

설원을 걸으며

올림픽공원의 눈 내리는 아침은 북해도 못지않다
나뭇가지 가지마다 쌓인 하얀 눈을 보면
공원은 마치 축제의 모습이다
눈썰매를 타는 아이들의 함박 웃음소리,
흰 눈사람을 만들고 눈싸움도 하며
하하 호호 연신 떠들어 댄다
강아지들도 신이 나서 뛰노는 올림픽공원은
눈싸움하는 아이들의 모습과 어우러져 정겹다
삼삼오오 거니는 연인들의 모습도
흰 눈의 축복 속에서 아름답게 느껴진다
사람들의 인생 샷, 셔터 소리,
까악 까아악 지저귀는 까치 소리 ,
짹짹 재잘거리는 참새들이 아름다운 설경을 즐기고
하이얀 세상은 이내 마음을 치유한다
올림픽 공원의 상징인양 우뚝 서 있는
한 그루 나무는
공원의 지킴이 인양 사방을 포옹하다
함박눈 내리는 설원을 걸으며 뽀드득 뽀드득
발자욱을 남겨본다

암호화폐

세상이 달라지고 있다

인터넷상으로. 팔고 사는
비트코인, 이더룸 암호화폐

위험을 감수하고 투자해서
경제적 안정을 찾으려는
젊은 사람들이 많이 뛰어들어
돈을 번 사람도 있고
루나 테라의 대폭락으로 폭망한 사람도 있다

세상이 어떻게 변할까?
화폐의 변동이 생기는 걸까?

같은 꿈을 꾸는 사람
- 우린 똑같은 길을 걸으며

조금 앞서간 사람과
뒤에 걷는 사람이 같은 생각을 하기도 하고
또 다른 생각을 하기도 한다

떨어져 길을 걸어도
동시에 같은 생각을 하는 사람은 행복한 사람

서로를 아끼는 마음
봄바람에 꽃잎이 떨어지는 모습을 보며
아름다운 생각이 서로가 일치한다

드디어 똑같은 마음으로
사랑에 빠져버린 마음은
둘이 하나가 된다

첫눈

하이얀 눈이 펑펑 내린다
온 세상이 하얀색으로 뒤 덥힌다

오늘은 좋은 생각
이쁜 생각으로
휘날리는 눈만큼 모두에게
좋은 일들이 나를 아는 모든 분에게
축복으로 이루어지길 빌어 보며

따뜻한 차 한 잔 들고 창밖만 봐도 행복하다
첫눈에 한가지 소원들이 이루어지길

하엽

밤새 비바람에 강풍이 불더니
거리에는 하엽으로 온통 뒤덥힌다

나무들은 저마다 옷을 훌훌 털어버리고
거리를 헤매이며 어디로 사라지는 것일까?

잎새 하나 없이 온통 알몸으로
그 추운 겨울 인고의 세월 속으로
나도 저렇게 다 주고 떠나고 싶다

봄이 올 때까지
쉬어보는 건 어떨까?

제발 날 버려 줘

낡은 생각을 버리자
삼 년 이상 안 입는 옷도 버리자
삼십 년을 보관해도 쓸데가 없더라
잘 버리는 사람이 현명한 사람이다
오늘 옆 사람과 싸웠다면
그들도 버려 버리자

낼 다시 주워 담을 수 있는 사람들이다
내가 그를 버려도
그가 나를 찾을 것이고
때로는 내가 다시 찾게 되니
지금 당장 버려도 인연은 지속된다

과거를 버리자
슬픈 생각을 버리자
과거의 인연을 버리자
아픔도 버리고 슬픔도 버리자

현실은 절대 녹녹치 않다
현실을 충실히 하는 삶을 살자
과거와 현재의 미래 중에
우리는 현실에 충실한 삶을 살아야 한다
내가 잘났든 못났든 중요치 않다

나를 사랑하자
나를 사랑하면 남들도 나를 사랑한다
사랑은 관심이다
관심을 버리연 사랑할게 없다

때론 티엠아이가 될지라도 나를 사랑하면 누군가가
나를 사랑할 것이다
그 자혜가 믿음이다
믿음은 작은사랑에서 시작된다

소소함은 작을 수 있으나 그 소소함은
가장 큰 사랑이 될 수 있다
나는 소소함을 사랑할 것이다
버리지 말아야 할 것은 사랑이라 하자

나는 사랑을 꿈꾼다

늘…
항상
사운드 클라스카의 밤은
크리스마스트리와 젊은 여인들

아름다운 음악이 흐르는 밤
사랑하는 사람들의 알콩달콩한 시간들

기다리는 동안 마시메로 구워 먹으며
불멍 시간들

모두가 아름답다
메리 크리스마스트리 속에서

제 5부

하늘 도화지

풍수지리

사필귀정
낡은 것을 생각하면 낡은 사람
새로운 것을 생각하면 시대를 앞서가는 사람.
나는 후자가 될 것이다
당신도 그렇지 아니한가?
그러나 추억은 낡은 것을 미화시킨다
가끔은 미화도 용서하자
나는 너그러운 사람이니까
사랑은 낡은 것과 새로운 것이 늘 반복되더라
그게 정이라고 했던가?
정주고 사랑 주고 마음도 준다고 했던가
그 무엇 하나도 버릴 것은 없더라
그래서 사랑이더라
내 아픔까지도 사랑해 준 그대가 있기에
나는 그대를 품으렵니다
사랑해요^^

단풍나무 숲으로

가자, 가자
불타는 저 가을 심장 속으로
울긋불긋 단풍 노을 진 곳으로
형형색색 아름다운 곳으로

거기에는 낭만과 정열이
태풍처럼 넘쳐
젊음의 향연이 넘실대는 곳으로

그곳은 출렁이는 파도처럼 가을이 넘실된다
아름다운 단풍 속으로 소리 없이 빠져든다
누가 이 아름다운 젊음을 멋진 광경을
보고 감탄을 아니 할 수 있는가

빨간 단풍 속으로 그 열정으로 들어가
우린 헤어 나오지 못 함을
노란 동화 속에서 꿈을 꾼다

다시 오지 않을 젊음이여
지금을 만끽하라

가을

가을 들판은 풍성하다
들녘에는 황금색으로 곡식들이 출렁이고
산에는 쩍 벌어진 밤송이와 도토리가
툭툭 떨어져 데구르르 구르고

나뭇가지마다 주황색 감이 주렁주렁
매달려 보기만 해도 풍성하다
집 앞 대추나무도 대추가 많이 달려서
하나 쏙 따 먹어 본다, 달고 맛나다

밭에는 참깨랑 콩잎도 가을빛으로 물드니
수확하느라 바쁘다
늘 가을 같았으면 하는 바람이다
봄부터 바쁜 손길로 얼마나
많은 노력과 수고로움으로 이루었을까?

감사한 마음, 고마운 마음이다
수확의 계절, 결실의 계절
가을이 오면 풍요로움에 덩실덩실 춤춘다

위도
– 휴가 끝 무렵

낮에는 아직도 땡볕이라 무지덥다
펜션에서 바라보는 경치는 너무 멋지다

위도에 파도 소리는 철썩 쏴아아, 철썩 싸아
그가 어서 오라고 손짓한다

해변은 걷기 딱 좋은 멋진 그의 길
들녘은 가을걷이 채비로 분주하고
매미의 울음소리도 작아질 즈음
끝장 휴가 온 사람들로 그의 동네는 북적거린다

작고 아름다운 너
얼마나 특별할까, 설레는 맘으로 너를 만난다
솔 향기 솔솔 나는 소나무 숲에
고고하게 우아하게 군락을 지어 손짓하는
상사병 난 여인,
너무나 아름다운 귀인, 흰 상사화 여인이다

유네스코 세계 지질 공원 등재될 만큼
환상적인 너는
경치 좋은 펜션에서 한눈에 보이는 너를
다시 또 만나고 싶다

흔들리는 우정

만남, 그 즐거웠던 일들도
만날 때마다 설렜던 일들도
작은 것 하나로 일순간
모래성처럼 무너지는구나

만나면서 서로에게 상처를 준다면
상처기를 끌어안고 살 수는 없지
흔들리는 우정, 걷잡을 수 없는 불안
여러 가지 요소들 속에서 미련을 갖지 말자

이게 최선이라고
다시 한 번 기회를 주지 말자
자꾸 안일해지니까
그러다 보면 질질 끌려가는 인생밖에

만남도 그러하듯
헤어짐도 그러하구나
긴가민가한 날들, 불안한 날들
지내봤으니 알지,
더 이상의 진전은 없다
굿바이

인연

내 마음에 들어와 버린
꽃 한 송이

가만히 한참을 들여다보고 있으니
온갖 시름이 다 없어지네

내 앞에 이쁜 꽃 하나
심어놨더니

매일 매일 행복 하여라
사람의 향기가 꽃향기 이더라

광양 매화 축제

봄소식을 가장 먼저 가져온 광양의 매화
하늘에서 눈이 내리 것처럼
하이얀 매화가 선녀가 내려올 것만 같다

청 받침의 청매화 백매화, 홍매화.
봄의 전령사를 보러온 봄의 물결
흑쌍리에는 팝콘처럼. 다닥다닥
매화가 터지고 있다

매화 문학관 앞에는
홍매화 흰 매화 함께 피어
희귀함을 보러온 관광객들로
셔터 소리가 요란하다

영혼 불멸의 사랑
산수유도 구례에는 노란 물결이
봄·봄·봄
나한테 꽃놀이 가자고 한다.

경칩

개구리가
개굴개굴 문안 인사 온다

밖으로 나와 작은길을 걸어보니
키 작은 괭이밥 순수한 냉이꽃
동백이가 산수유가 홍매화가 반긴다

조금 있으면 온통 꽃세상이겠지
서로 이쁘다고 뻐기면서
여기저기 꽃소식을 알릴 테니

나는 꽃구경하느라
시간이 금방 지나갈 것 같다

하늘 도화지

아파트 지붕 위로
파아란 하늘에 뭉실뭉실
뭉게구름이 솜사탕처럼 퍼져
달콤한 하루가 보여진다

뭉게구름 속에는
귀여운 아기곰도 있고
넓은 들판에 풍선을 들고 뛰노는 아이들도 있다

파란 하늘 도화지에는 온갖 상상의 나래로
알록달록한 그림이
채색되고 윤색되고 각색이 된다

노을

어둠이 짙어지는 저녁노을을
한참 바라보다가..
그대의 빨간 볼을 상기해

그대는 나의 태양 같고
때로는 지는 노을처럼 황홀하지만

너무 아름답게 지는 석양의 아련함처럼
곁에 있어도 늘 생각나는 사람입니다

흰 눈

그대의 한결같은 사랑
흰 눈이 오는 날

당신은 펑펑 내리는 함박눈처럼
환하게 달려오는 날도 있고
빙수처럼 시원하게
설탕처럼 달콤하게
언제나 나한테 맞추어 주는 당신

고맙고 사랑합니다

백설

흰 눈이 내린다

백설기처럼 곱디곱게
흰 눈을 받아다 무지개떡을 만들었다

일곱 색깔 무지개를 만들어
당신에게 알록달록
이쁜 사랑에 감사하며

빙수

흰 눈이 내린다

내 맘과 그대 맘에
하늘과 나 사이에
온통 설레게 하는 달콤한 이 마음
백설 가루를 뿌린다

빙수처럼 내린다

내리는 빙수에
사랑 한 스푼
열정 한 스푼
우정 한 스푼
넣고 잘 비벼서 먹으니

우리 사랑과 우정은 영원하리

향기의 만남

당신의 향기와 뒷모습이 아름다운 모습을
당신의 향기와 뒷모습을 담아둡니다

당신의 향기와 뒷모습을 담아 보세요
시간이 흐를수록 맛과 건강이 함께 합니다

시간 속에 맛과 건강을 담아 보세요.
커피. 그윽한 향기

커피향기 그윽할 때
그대가 있어 좋다

블렌딩,
그대를 내리다 커피가 생각날 땐
그대를 만난다

설경 속의 커피 한 잔

소복이 눈이 쌓인다

지붕에도 가로수에도
산과 들, 온통 세상이 하얗다

내리는 눈을 보며
창가에 앉아 커피 한 잔 들고

눈 꽃송이를
하염없이 바라봅니다

어느새 당신은
내 맘속으로 쏙 들어와 있네요

등대

흰 등대와 빨간등대가 하는 말
속절없이 파도는 춤을 추고
파도의 울음소리는
누구를 부르는 것일까?

흰 등대가 말한다
파도에 부딪쳐서 수많은 물방울이
산산조각이 난다고 해도
어찌 널 잊을 수가 있을까?

등대는 항상 불을 밝힌다
내 사랑하는 그대가 뱃길을 잘 찾아오기를

빨간등대의 말,
그래 정말 잘 왔어요
파도랑 물보라를 잘 견디고 와줘서 고마워요

흰 등대랑 빨간등대는 연실 빛을 보내며
철썩이는 파도와 밤새 끊임없이 속삭인다

힐링

치악산 휴양림에서
자작나무숲 산까치 집에서
나무들이 싸악사악 바람 소리 내며
까치랑 대화하고
햇빛과 맑은 공기랑 대화한다

잘 왔다고 푹 쉬어 가라고
숯불에 타닥타닥 소리와
고기 익는 소리에
정겨운 바람 소리와 대화한다

건강해진다고
건강해질 거라고
건강해지고 있다고

팔월의 아름다운 밤

센트럴파크의 호수가 보이는
아름다운 달빛이 흐르는 강
흐르는 달빛에 보내는 꿈 같은 시간

사랑은 안개가 살포시 내려앉는 것처럼
아주 가볍게 알아차리지 못하게
스며들어와 내 가슴에 심장이 쿵쾅거려

도시의 야경이 아름다운 것처럼
밤하늘의 별처럼 반짝이며 찾아온 그대

늦게 만난 만큼 더 많이 사랑하고
아껴주고 싶어

외출

내 마음이 쑥 나온 날
거리 풍경들이 아름다워

신기한 것, 투성이다
종종 외출하여 새로운 것들과
소통해야겠어

밖으로 나온다는 것
늘 희망적이고 즐거워

가로등

항상 그 자리에서 변함없이
날 지켜주는 그대

난 스스로
빛나는 줄 알았는데
근데 당신이었군요?

온화한 당신
고맙고
사랑합니다

버스정류장

출근길 창밖을 보니
삼삼오오 버스를 기다리는 사람들 모습에서
사랑하는 어머니의 기다림을 봤습니다

한곳에 시선을 두고 서 있는 모습이
마치 그리운 어머니를 애타게 기다리는
모습 같아서…

그리운 어머니 생각에 눈시울이 붉어집니다
사랑하는 나의 어머니
편히 계시지요?

추억의 친구

늘 안 보면 보고 싶고
하루도 안 볼 수 없는 나의 친구

학교 갈 때도 도서관도 소풍도
군것질도 함께 했던 나의 소중한 친구

함께 있으면 늘 까르륵 깔깔
웃던 나의 친구

친구 없이 살 수 없던 시절
헤어지기 아쉬워서
친구 집 바래다주다가
다시 우리 집으로 맴돌기를
왔다 갔다 그땐 그랬지

사춘기 소녀들의 꿈 많았던 우정
보고 싶다, 친구야?

샘문시선 1070

한국문학상 수상 기념 시집

너를 사랑한 날들

김민서 제2시집

발행일 _ 2025년 10월 20일
발행인 _ 이정록
발행처 _ 도서출판샘문
저 자 _ 김민서
감 수 _ 이정록
기 획 _ 박훈식
편집디자인 _ 신순옥, 한가을
인 쇄 _ 도서출판샘문
주 소 _ 서울특별시 중랑구 동일로 101길 56, 3층(면목동, 삼포빌딩)
전화번호 _ 02-491-0060 / 02-491-0096
팩스번호 _ 02-491-0040
이메일 _ rok9539@daum.net / saemteonews@naver.com
홈페이지 _ www.saemmoon.co.kr (사단법인 문학그룹샘문)
         www.saemmoonnews.co.kr (샘문뉴스)
출판사등록 _ 제2019-26호
사업자등록증 등록 _ 113-82-76122(사단법인 도서출판샘문)
                677-82-00408(사단법인 문학그룹샘문)
                104-82-66182(사단법인 샘문학)
                501-82-70801(사단법인 샘문뉴스)
                116-81-94326(주식회사 한국문학)
샘문사이버교육원 (온라인 원격)-교육부인가 공식교육기관 _ 제320193122호
샘문평생교육원 (오프라인)-교육부인가 공식교육기관 _ 제320203133호
샘문뉴스 등록번호 _ 서울, 아52256
ISBN _ 979-11-94817-32-1

본 시집의 구성은 작가의 의도에 따릅니다.
이 책의 저작권은 저자와 도서출판 샘문에 있습니다.
무단 전재 및 표절, 복제를 금합니다.

파손된 책은 구입처에서 교환해 드립니다.
본지는 한국간행물 윤리위원회 윤리강령 및 실천요강을 준수합니다.

문집 출간 안내

도서출판 샘문 에서는

베스트셀러 명품브랜드 〈샘문시선〉에서는 각종 시집, 시조집, 수필집, 동시집, 동화집, 소설집, 평론집, 칼럼집, 꽁트집, 수상록, 시화집, 도록, 이론서, 자서전 등 문집을 만들어 드립니다.
도서출판 샘문에서는 저자님의 소중한 작품집이 많은 독자님들에게 노출되고 검색되고 구매하여 읽히고 감상할 수 있도록 그 전 과정을 기획, 교정, 교열, 퇴고, 윤문(첨삭,감수), 디자인, 편집, 인쇄, 제본, 서점 등록(납품,유통), 언론홍보, SNS홍보 등, 출판부터 발매 까지의 전략을 함께해 드립니다.

📖 출판정보

샘문시선은 도서출판비를 30% 인하 하였습니다. 국제원자재값 폭등으로 인하여 문집 원자재인 종이값 등이 3번에 걸쳐 43% 상승하였으나 이를 반영하지 않았습니다.

📣 저자가 필요한 수량만큼 드리고 나머지는 서점 유통

📣 시집 표지는 최고급으로 제작함 - 500부 이상

📣 제목은 저자 요청시 금박, 은박, 에폭시로도 제작함

📣 면지는 앞뒤 4장, 또는 칼라 첨지로 구성해드림

📣 본문은 100g 미색 최고급지 사용함(눈 보안용지, 탈색방지)

📣 본문 200페이지 이상은 80g 사용

📣 저서봉투 - 고급봉투 인쇄 무료 제공

📣 출간된 책 광고(본 협회 =〉 홈페이지, 샘문뉴스, 내외뉴스, 페이스북 13개그룹(독자&회원 10만명), 카페 3개, 블로그 2개, 카톡단톡방 12개, 유튜브, 카카오스토리, 인스타그램, 문예지 4개, 문학신문 등)

📣 견적 ▷ 인세 계약서 작성 ▷ 기획 ▷ 감수 ▷ 편집 ▷ 재감수 ▷ 재편집 ▷ 인쇄 ▷ 제본 ▷ 택배 ▷ 서점 13개업체 납품 ▷ 저자에게 납품 ▷ 유통 ▷ 홍보 ▷ 판매 ▷ 인세지급

📣 출판기념회는 저자 요청시 본사 문화센터(대강의실) 무료 대여 가능(70명 수용가능) 현수막, 배너, 무대 조명, 마이크, 음향, 디지털 빔, 노트북, 줌시스템, 모니터, 컴퓨터, 석수, 커피, 차, 무료 제공

📣 저자 요청시 저자의 작품 전국대회에서 수상한 시낭송가가 낭송하여 유튜브 동영상 제작 =〉 출판기념식 및 시담 라이브 방송

📣 저자 요청시 네이버 생방송 출판기념회 가능(유튜브 연동) - 네이버 라이브 커머스쇼

📣 뒷 표지에 QR코드 삽입가능 - 저자의 작품 시낭송 유튜브 동영상 등(요청시)

📣 교정, 교열, 감수, 윤필(첨삭감수), 평설, 서문 등(유명한 시인, 수필가, 소설가, 문학평론가, 항시 대기)

문집 출간 안내

📖 빅뉴스

이정록 시인의 〈산책로에서 만난 사랑〉이 네이버 선정 베스트셀러로 선정 된 이후 〈내가 꽃을 사랑하는 이유〉, 〈양눈박이 울프〉, 〈꽃이 바람에게〉, 〈바람의 애인, 꽃〉 시집이 연속 교보문고 베스트셀러에 선정 되고 5권 전부 출간 순서대로 골든존에 등극하였다. 평생 한 번도 어렵다는 자리를 이정록 시인은 5년 동안 5번에 오르고 현재도 이번 2022년 5월경에 출간된 [바람의 애인, 꽃] 영문판과 [담양장날]이 출간을 기다리고 있다

〈서창원 시인, 2회〉, 〈강성화 시인〉, 〈박동희 시인〉, 〈김영운 시인〉, 〈남미숙 시인〉, 〈최성학 시인〉, 〈이수달 시인〉, 〈김춘자 시인〉, 〈이종식 시인〉 외 한용운문학상 수상 시인인 〈서창원 수필가〉, 〈정세일 시인〉, 〈김현미 시인〉가 올랐고, 2022년 올 봄에는 〈정완식 소설가〉 『바람의 제국』 이 소설집으로는 최초로 『네이버 선정 베스트셀러』 반열에 올랐고, 〈이동춘 시인〉에 『춘녀의 마법』 시집이 『네이버 선정 베스트셀러』 반열에 올랐다. 그리고 컨버전스공동 시선집과 한용운공동 시선집도 간간히 베스트셀러를 하고 있는 〈베스트셀러 명품브랜드〉 『샘문시선』 이다

〈샘문시선〉은 〈베스트셀러_명품브랜드〉로서 고객님들의 〈평생가치를 지향〉하는 〈프리미엄 브랜드〉입니다. 고객이신 문인 및 독자 여러분, 단체, 기관, 학교, 기업, 기타 고객분들을 〈평생고객〉으로 모시겠습니다. 많은 사랑 부탁드립니다

📖 샘문특전

📢 교보문고, 영풍문고, 인터파크, 알라딘, 예스24시, 11번가, Gs Shop, 쿠팡, 위메프, G마켓, 옥션, 하프클럽, 샘문쇼핑몰, 네이버 책, 네이버쇼핑몰, 네이버 샘문스토어 등 주요 오프라인 서점, 온라인 서점, 오픈마켓 서점에서 공급 및 유통하고 있습니다.

📢 기획, 교정, 편집, 디자인에 최고의 시인 및 작가, 편집가, 디자이너, 평론가, 리라이팅(첨삭 감수) 및 감수 전문가들이 참여하여 감성, 심상이 살아 있는 시집, 수필집, 소설집, 등 각종 도서를 만들어 드립니다.

📢 인쇄, 제본, 용지를 품질 좋은 우수한 것만 사용합니다.

📢 당 출판사 〈한용운공동시선집〉, 〈컨버전스공동시선집〉과 〈한국문학공동시선집〉, 〈샘문시선집〉을 자사 신문인 〈샘문뉴스〉와 제휴 신문인(내외신문), 글로벌뉴스와 홈페이지(2군데), 샘문쇼핑몰, 네이버 샘문스토어, 페이스북, 밴드, 카페, 블로그를 합쳐서 10만명의 회원들이 활동하는 SNS 20개 그룹 공개 지면 및 공개 공간을 통해 홍보해 드립니다.

📢 당 출판사를 통해 국립중앙도서관 및 국회도서관 및 전국 도서관에 납본하여 영구적으로 보존해 드립니다.

📢 당 문학그룹 연회비 납부 회원은 30만원 상당에 〈표지용 작품〉을 제공 받습니다.